E. T Griffith

Hymns and Tunes in Welsh and English

For Public Worship

E. T Griffith

Hymns and Tunes in Welsh and English
For Public Worship

ISBN/EAN: 9783337290207

Printed in Europe, USA, Canada, Australia, Japan

Cover: Foto ©Thomas Meinert / pixelio.de

More available books at **www.hansebooks.com**

Lewis (H. Elvet) Sweet Singers of Wales, a Story of Welsh Hymns, and their Authors, with original translations, 8vo, cloth, *top edge gilt, nice copy, printed on ribbed paper*, 60c, London, R.T.S.

Hymns and Tunes

IN

Welsh and English.

FOR

Praise and Worship.

BY

REV. E. T. GRIFFITH.

PHILADELPHIA:
SOWER, POTTS & CO.
1884.

PREFACE.

THIS Hymn and Tune Book is offered to the Welsh Churches and Christian public of America as a companion to the three or four Welsh Hymnals already in use.

The work was undertaken because it was greatly needed, as well as in obedience to the kind solicitation of many friends. Thousands of our children and young people, born in the States, who are not able to speak, or even to understand, the mother-tongue, but who, nevertheless, attend our Welsh Churches, are compelled to be silent while the older and more favored part of the congregation unite in offering praise. The same thing too, has often been observed at the fireside.

The main purpose of this work is to enable those reading either language to unite in singing God's praise with those of the other.

And to facilitate this, in addition to the Welsh version, it will be observed that a literal translation of the original hymn (as near as can be) has been given in the same metre, and set to the same tune, so that the same hymn in Welsh and English can be sung at the same time and together.

Also, as far as practicable, the old hymns and tunes have been introduced, which as sung by our fathers at the beginning of this century, formed so great a part of that wonderful Christian reformation that touched the heart of nearly every person in the Principality of Wales, with the fond hope that they may rekindle that divine fire in the hearts of the children.

The music is neither flippant nor formal, and because devout must be sweet and durable. The original hymns were written in the spirit of love and devotion; and the translations will, we hope, meet approval.

Each Welsh and English hymn and tune bears but one number, that there may be no confusion when the hymn to be sung shall be named to the congregation. The music and type are made large and distinct to suit all ages, and the printing-paper and binding will commend themselves to every observer.

The author desires to express his deep thankfulness for the very kind and valuable assistance he has received in compiling both the words and music of this work. But he is sure that they neither expect nor desire to receive more than this general but very hearty assurance of his gratitude. To the following he desires, nevertheless, to give especial thanks: —To the Rev. J. G. Lewis, Wilkesbarre, for very valuable assistance in Welsh and English poetry, and for many valuable translations in both languages; to the Rev. D. Todd Jones, Shenandoah; to B. D. Williams, Esq., Audenried, for MSS.; to J. D. Evans (Ap Daniels), New York, and Rev. Lot Lake, Hyde Park; to the Revs. E. Stephens, Lewis Jones, J. H. Roberts, and Dr. Joseph Parry, Wales; to Evan Williams, Esq., Mahanoy City; to Daniel Gower (Hedydd-Afon), Catasauqua; to Messrs. Bigelow & Main, New York; to Messrs. A. S. Barnes & Co., as well as to the honorable memory of Rev. John Roberts (Ieuan Gwyllt), and J. D. Jones, Esq., Wales, and Wm. B. Bradbury, for valuable assistance in music. And also to Master W. Lloyd for considerable aid.

This labor of love is now humbly submitted to the Welsh-American Christians as heartily evangelical and catholic, with earnest prayers that the God of our fathers, who has so abundantly blessed us in Fatherland, will, through his Son Christ Jesus, also bless you in the land of your adoption, and be your God reconciled in Christ Jesus forever, and that He will own and bless the praises which you shall offer.

PHILADELPHIA, Jan. 8, 1884.   E. T. GRIFFITH.

MANY of the hymns, both in English and Welsh, not elsewhere specified, as well as tunes and the adaptations of the tunes and the arrangement of the music, are the property of the author and publishers, and must not be used without their written consent.

Hymns and Tunes.

1   ST. THOMAS. M. 1. [S. M.]

M. 1.

Dedwyddwch y Saint.

1 Dewch chwi sy'n caru Duw,
   A llawenhewch yn awr:
Cydseiniwch bêr ganiadau gwiw
   O gylch yr orsedd fawr.

2 Os byddant hwy yn fud
   Sydd heb ei 'nabob Ef,
Dadganer mawl a llawen fryd
   Gan weision Brenin nef.

3 Dedwyddwch teulu gras,
   Sy'n dechreu 'n nhir y byw;
Ceir nefol ffrwyth o beraidd flas,
   Ar ffydd a gobaith gwiw.

4 Ein dagrau sychu wnawn,
   A llawenhawn o hyd;
Trwy dir Immanuel yr awn,
   Yn llon i'r nefol fyd.

S. M.

Sing Psalms.

1 Come, we who love the Lord,
   And let our joys be known;
Join in a song of sweet accord,
   And thus surround the throne.

2 Let those refuse to sing
   Who never knew our God;
But children of the heavenly King
   May speak their joys abroad.

3 The men of grace have found
   Glory begun below;
Celestial fruits on earthly ground
   From faith and hope may grow.

4 Then let our songs abound,
   And every tear be dry; [ground
We're marching thro' Immanuel's
   To fairer worlds on high.

ST. MICHAEL. M. 1. [S. M.]

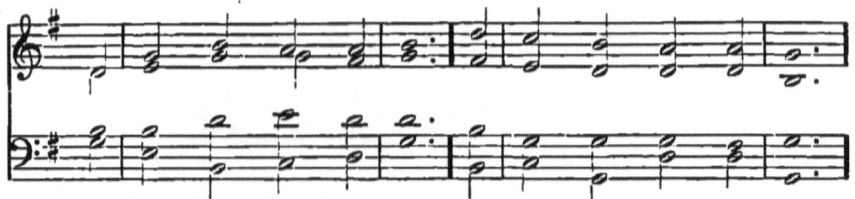

M. 1.

Mawl.

1 Duw Abra'm, molwch ef,
  Yr hwn sydd Frenin fry,
Yr Hen Ddihenydd ddaeth o'r nef
  I'r byd i'n prynu ni.

2 Jehofa mawr yw ef,
  Trwy nef a daear lawr;
Bendithio wnaf, â llafar lef,
  Ei werthfawr enw mawr.

3 Duw Abra'm, molwch ef,
  Am ei anfeidrol ras,
Yr hwn a'm dwg yn ddiogel trwy
  Bob croes a chlwy' i maes.

4 Caf wel'd ei wyneb-pryd
  'Rol myn'd o'r babell hon,
A chanu am ei ras o hyd
  Yn hyfryd ger ei fron.
                        Amen.

S. M.

Praise to God.

1 The God of Abraham praise,
  Who reigns enthroned above,
Ancient of everlasting days,
  And God of perfect love.

2 Jehovah, great I AM,
  By earth and heaven confest;
I bow and bless the sacred name,
  For ever, ever blest.

3 The God of Abraham praise,
  Whose all-sufficient grace
Shall guide me all my pilgrimage
  In all my earthly ways.

4 I shall behold his face,
  I shall his power adore,
And sing the wonders of his grace
  In heaven for evermore.
                        Amen.

CONFIDENCE IN GOD.

3 HAMPTON. M. 1. [S. M.]

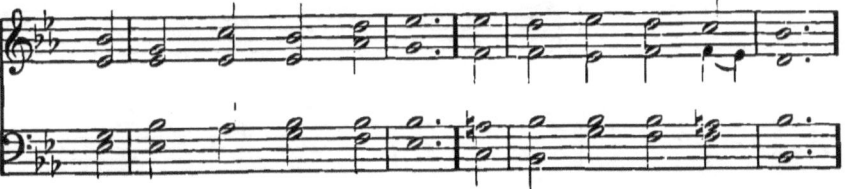

M. 1.

Ymdiried.

1 Daw Israel adre'n wir,
   Fe'u gwelir yn ddiau
O fewn i byrth Caersalem dir;
   Mae'r amser yn neshau.

2 Ail-adeiledir hon,
   Y ddinas lon cyn hir;
Ei theml godir hyd y nen
   Ar ben Moria dir.

3 Daw'r holl grwydredig hâd
   Yn ol i'w gwlad i fyw,
A'u cân yn uchel am y gwaed
   A chariad Iesu gwiw.

4 A chyda'r rhai'n ar goedd,
   Doed holl genedloedd byd,
I wneud i fyny'r teulu mawr
   Trwy'r nef a'r llawr y'nghyd.
             Amen.

S. M.

Confidence.

1 Of all the ancient race,
   Not one is left behind,
But each, impell'd by secret grace,
   His way to Canaan find.

2 Rebuilt by his command,
   Jerusalem shall rise;
Her temple on Moriah stand
   Again, and touch the skies.

3 Send then thy servants forth,
   To call the Hebrews home;
From east and west, and south and
     north,
Let all the wanderers come.

4 With Israel's myriads seal'd
   Let all the nations meet,
And show the mystery fulfill'd,
   The family complete.
             Amen.

DEATH.

4   MAHANOY CITY. M. 1. [S. M.]

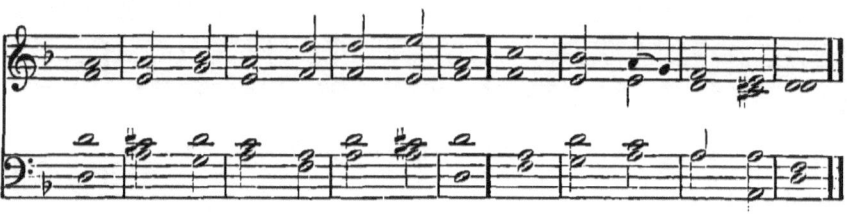

M. 1.	S. M.
Gosodwyd i ddynion farw unwaith.	*It is appointed unto men once to die.*

1 Ai marw raid i mi
   A rhoi fy ngorph i lawr?
   A raid i'm henaid ofnus ffoi
   I'r tragwyddoldeb mawr?

2 Gwirionedd, marw raid,
   A'r enaid fyn'd i'r glyn;
   O! am ryw hardd angylaidd lu
   I'm dwyn i Sïon fryn.

3 Wrth nesu tua glàn
   Yr hen Iorddonen ddu,
   O am gael teimlo ' mod i'n nes
   I'th fynwes, Iesu cu.

1 "Oh, am I born to die,
   And lay this body down?
   And must this trembling spirit fly
   Into that world unknown?"

2 Yes; truly I must die
   And through the valley go;
   Oh, then to me let angels fly
   And bear me safely through.

3 As to the gloom I go,
   O Jesus, be thou near;   [flow,
   When Jordan's deep, dark waters
   Relieve my soul from fear.

DOXOLOGY.

Y Tad a'r anwyl Fab
   Gwnawn foli yn ddilyth
Ar Ysboyd glan mewn peraidd gan
   Gaiff ein addoliad byth.

The Father and the Son
   And Spirit we adore;
We praise, we bless, we worship Thee,
   Both now and evermore!

SALVATION BY GRACE.

5 IPSWICH. M. 1. [S. M.]

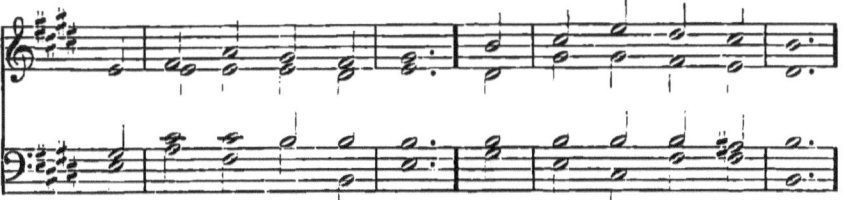

M. 1.
Iachawdwriaeth o ras.

1 Gras! O'r fath beraidd sain!
  I'm clust hyfrydlais yw;
  Hwn bair i'r nef adseinio byth,
  A'r ddaear oll a glyw.

2 Rhad ras a drefnodd ffordd
  I wared euog fyd;
  A gras a welir yn mhob rhan
  O'r ddyfais hon i gyd.

3 Gras a arweinia 'm troed
  I rodio llwybrau'r nef;
  A chymorth gaf o hyd wrth raid
  I nesu ato Ef.

4 Gras a goronn 'r gwaith
  Draw mewn anfarwol fyd;
  A chaiff y clod a'r moliant byth
  Gan luoedd nef yn nghyd.
                    Amen.

S. M.
Grace.

1 Grace! 't is a charming sound!
  Harmonious to the ear!
  Heaven with the echo shall resound,
  And all the earth shall hear.

2 Grace first contrived a way
  To save rebellious man;
  And all the steps that grace display,
  Which drew the wondrous plan.

3 Grace led my roving feet
  To tread the heavenly road;
  And new supplies each hour I meet
  While pressing on to God.

4 Grace all the work shall crown,
  Through everlasting days;
  It lays in heaven the topmost stone,
  And well deserves the praise.
                    Amen.

PRAISING GOD.

6   SILVER STREET. M. 1. [S. M.]

M. 1.

Moli yr Arglwydd yn ei dy.

1 CREAWDWR mawr y nef,
    I'w enw Ef rhown glod,
Am gael cyfarfod yn ei dy
    I'w foli is y rhod.

2 Ei enw gwerthfawr fu
    Ein twr a'n llety clyd:
Fe 'n ceidw eto yn ddiball
    Rhag drygau 'r fall a'i lid.

3 Ar fyr cawn lanio fry,
    At deulu dedwydd Duw;
Ac uno gyda'r dyrfa lon
    Sydd ger ei fron yn byw.

S. M.

Call to Praise.

1 STAND up, and bless the Lord,
    Ye people of his choice;
Stand up and bless the Lord your God,
    With heart and soul and voice.

2 God is our strength and song,
    And his salvation ours:
Then be his love in Christ proclaimed,
    With all our ransomed powers.

3 Stand up and bless the Lord;
    The Lord your God adore;
Stand up, and bless his glorious name,
    Henceforth, for evermore.

DOXOLOGY.

Y chwi angylion glan
    Yn uchelderau'r nen,
A ninau waelion daear lawr
    Rhown fawl ir Tri'n Un.

YE angels round the throne,
    And saints that dwell below,
Worship the Father, praise the Son,
    And bless the Spirit, too.

PRAISE.

7   ELWORTH. M. 1. [S. M.]

M. 1.

Afon y bywyd.

1 Mı welaf afon bur
   O ddyfroedd disglaer iawn,
  Maent fel y grisial gloyw clir,
   Foreuddydd a phrydnawn.

2 Mae hon yn tarddu maes
   O dan orseddfainc Duw;
  Hi gâna fel yr eira gwyn
   Yr Ethiop dua'i liw.

3 Mae mil o filoedd maith
   Ar ben eu taith yn llon,
  Yn moli'r Oen yn ngwlad yr hedd
   Am ryfedd rinwedd hon.

S. M.

Psalm 95.

1 Come, sound his praise abroad,
   And hymns of glory sing:
  Jehovah is the sovereign God,
   The universal King.

2 Come, worship at his throne,
   Come, bow before the Lord:
  We are his work, and not our own,
   He formed us by his word.

3 To-day attend his voice,
   Nor dare provoke his rod;
  Come, like the people of his choice,
   And own our gracious God.

DOXOLOGY.

Y Tad a'r anwyl Fab
   Gwnawn foli yn ddilyth
Ar Ysboyd glan mewn peraidd gan
   Gaiff ein addoliad byth.
           Amen.

The Father and the Son
   And Spirit we adore;
We praise, we bless, we worship Thee,
   Both now and evermore.
           Amen.

THE ATONEMENT.

8   TYTHERTON. M. 1. [S. M.]

M. 1.
Iawn.

1 Nis gall'sai gwaed yr holl
   Aberthau gynt o'r bron
Roi i'r gydwybod euogg hedd,
   Na phuro llygredd hon.

2 Ond Crist, yr Oen o'r nef,
   Sy'n dwyn ein beiau'n rhad,
Anfeidrol fwy yw rhin a gwerth
   Ei aberth ef a'i waed.

3 Fy Iesu, 'rwyf yn dod,
   Trwy ffydd, yn ngwydd y nen,
A rhoddi wnaf fy mciau i gyd
   I bwyso ar dy ben.

4 Dan bwys pechodau'r byd
   Bu farw ar Galfari;
Ond O! na fedrwn ddweyd yn awr—
   " Bu farw drosof fi"!

5 Daeth iachawdwriaeth lawn
   Trwy Iesu a'i farwol glwy';
I'r Oen a'i ras, bydd clod a mawl
   I dragwyddoldeb mwy.
                Amen.

S. M.
The Atonement.

1 Not all the blood of beasts
   On Jewish altars slain,
Could give the guilty conscience peace,
   Or wash away the stain.

2 But Christ the heavenly Lamb
   Takes all our sins away,
A sacrifice of nobler name
   And richer blood than they.

3 My faith would lay her hand
   On that dear head of thine,
While like a penitent I stand,
   And there confess my sin.

4 My soul looks back to see
   The burdens thou didst bear,
When hanging on the curséd tree,
   And hopes her guilt was there.

5 Believing, we rejoice
   To see the curse remove;
We bless the Lamb with cheerful voice,
   And sing his dying love.
                Amen.

FAITH.

9 WINTON. M. 1. [S. M.]

M. 1.

Ymorphwys yn Nuw.

1 Fy mywyd wyt, fy Nuw,
   A'm cyfaill gwiw digoll;
   Ac hebot ti nis gallaf fyw,
   Ti yw fy oll yn oll.

2 Nis gall y ddaear laith,
   Na 'i thrysor maith i gyd,
   Roi dim boddlonrwydd i mi 'n awr,
   Heb wawr dy wyneb-pryd.

3 Dy wên a'th hawddgar bryd,
   Mor hoff, mor hyfryd yw!
   Dewisol baradwysaidd wledd,
   Yw bod yn hedd fy Nuw.

4 Dy ras digonol yw
   Tra byddwyf byw 'n y byd;
   Am hyny pwysaf ar fy Naf,
   A'i garu wnaf o hyd.
                    Amen.

S. M.

Kindness even in Affliction.

1 How tender is Thy hand,
   O thou beloved Lord!
   Afflictions come at Thy command,
   And leave us at Thy word.

2 How gentle was the rod
   That chastened us for sin!
   How soon we found a smiling God,
   Where deep distress had been!

3 A Father's hand we felt,
   A Father's heart we knew;
   With tears of penitence we knelt,
   And found his word was true.

4 Now we will bless the Lord,
   And in his strength confide;
   For ever be his name adored;
   For there is none beside.
                    Amen.

FAITH IN CHRIST.

10 SILCHESTER. M. 1. [S. M.]

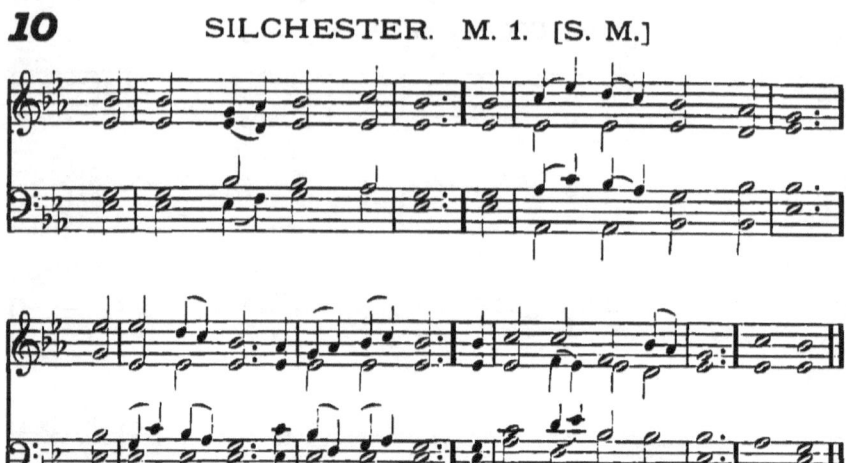

M. 1.

Ymdeithydd ydwyf gyda thi.

1 O Iesu, 'r ffordd i'r nef,
  A'r pur wirionedd cu,
  Tra ar ein taith i arall fyd,
  Ein bywyd ydwyt ti.

2 Ymddiried ynot wnaf,
  Gorphwysaf yn dy hedd;
  O boed i'r Duw a'm cadwodd c'yd,
  Fy nghadw hyd y bedd.

3 Dwg fi trwy ddŵr a thân,
  I'r glân drigfanau fry,
  A gad i'm seinio 'r newydd gân
  Yn Nghanaan gyda 'r llu.

S. M.

We are Thine.

1 Dear Saviour! we are Thine,
  By everlasting bands;
  Our hearts, our souls, we would resign
  Entirely to Thy hands.

2 To Thee we still would cleave
  With ever-growing zeal;
  If millions tempt us Christ to leave,
  Oh, let them ne'er prevail!

3 Since Christ and we are one,
  Why should we doubt or fear?
  If He in heaven has fixed his throne,
  He'll fix his members there.

DOXOLOGY.

O dewch rhoch foliant clau,
  I'r drindod yn ddylth
Y Tad, y Mab, yr ysbryd glan,
  Trwy yr eang-fyd byth.   Amen.

All might, all praise be Thine,
  Father, co-equal Son
And Spirit, bond of love divine,
  While endless ages run.   Amen.

GRATITUDE.

11 SHIRLAND. M. 1. [S. M.]

M. 1.
Diolchgarwch.

1 Fy enaid, mola Dduw,
  Fy nhafod canmol Ef;
  Fy holl alluoedd yn gytun
  Bendithiwch Frenin Nef.

2 Fy enaid dyro fawl
  I'r dyrchafedig Dduw,
  Ac nac anghofiwn ddiolch am
  Ei roddion o bob rhyw.

3 Efe sy'n maddeu'th fai,
  Sy'n esmwythau dy boen,
  Sy'n llwyr iachau dy lesgedd blin
  Gan adnewyddu'th hoen.

4 A'i dda corona'th oes,
  Dy Brynwr byw yw Ef;
  Er angau, bedd ac uffern ddu,
  Fe'th gwyd i wynfyd nef.

5 Gwrandawa weddi'r thawd,
  Ffieiddia'r balch o bell;
  Ae am bob aberth er ei fwyn
  Rhydd drysor canmil gwell.

6 Am hyny mola Dduw,
  Fy nhafod canmol ef,
  Fy holl alluoedd yn gytun
  Clodforwch Frenin Nef.

S. M.
Grateful Acknowledgment.

1 Oh, bless the Lord, my soul!
  Let all within me join,
  And aid my tongue to bless his name,
  Whose favors are divine.

2 Oh, bless the Lord, my soul!
  Nor let his mercies lie
  Forgotten in unthankfulness,
  And without praises die.

3 'T is He forgives thy sins;
  'T is He relieves thy pain;
  'T is He that heals thy sicknesses,
  And makes thee young again.

4 He crowns thy life with love,
  When ransomed from the grave;
  He, who redeemed my soul from hell,
  Hath sovereign power to save.

5 He fills the poor with good;
  He gives the sufferers rest: [proud,
  The Lord hath judgments for the
  And justice for the oppressed.

6 His wondrous works and ways
  He made by Moses known;
  But sent the world his truth and grace
  By his beloved Son.

EVENING PRAISE.

12   PEN Y BRYN. M. 1. [S. M.]

M. 1.
Y cyfoeth goreu.

1 PE meddwn aur Periw,
   A pherlau'r India bell,
   Mae gronyn bach o ras fy Nuw
   Yn drysor can' mil gwell.

2 Pob pleser îs y rhod
   A dderfydd maes o law,
   Ar bleser uwch y mae fy nôd,
   Yn nhir y bywyd draw.

3 Dymunwn ado'n lân
   Holl wag deganau'r llawr,
   A phenderfynu myn'd yn mlaen
   Ar ol fy Mhrynwr mawr.

S. M.
Abide with us.

1 THE day, O Lord, is spent;
   Abide with us and rest;
   Our hearts' desires are fully bent
   On making Thee our guest.

2 We have not reached that land,
   That happy land, as yet,
   Where holy angels round Thee stand,
   Whose sun can never set.

3 Our sun is sinking now;
   Our day is almost o'er;
   O Sun of Righteousness, do Thou
   Shine on us evermore!

DOXOLOGY.

CYD unwch naur a ni
   I foli Tri yn Un:
O rhoddeon iddi glod heb ffael
   Am ffordd i wared dyn.

COME join us now to sing,
   All ye who dwell below;
Praise the Father, Spirit, and the Son,
   For we are saved from woe.

GRACIOUS WORDS.

13   AUGUSTINE. M. 1. [S. M.]

M. 1.

Y Dyrfa Ddedwydd.

1 IESU, O mor addfwyn,
   Yw dy eiriau di bob un;
   Oll o'm mewn yn dwyn tangnefedd
   Sydd o iachysol rin.

2 Tarawn yn gytun
   Bob telyn yn y lle;
   Gan beraidd byncio 'r newydd gân
   O foliant iddo 'Fe.

3 Beth bynag fydd ein rhan
   Tra yn yr anial fyd;
   Un testyn heddyw sydd i'r gân—
   Un gwaith i'r dyrfa'i gyd.

4 Nesâu mae 'r ddedwydd awr
   Cawn ninau fyn'd i'w plith;
   I seinio 'r anthem yn ddiboen,
   I Dduw a'r Oen dros byth.

B

S. M.

Happiness.

1 SAVIOUR, what gracious words
   Are ever, ever Thine!
   Thy voice is music to the soul,
   And life and peace divine.

2 Good, everlasting good,
   Glad tidings, full of joy,
   Flow from Thy lips, the lips of truth,
   And flow without alloy.

3 The broken heart, the poor,
   The bruised, the deaf, the blind,
   The dumb, the dead, the captive wretch,
   In Thee compassion find.

4 Lord Jesus, speed the day,
   The promised day of grace,
   To all the poor, the dumb, the deaf,
   The dead of Adam's race.

SALVATION.

14   FRANCONIA. M. 1. [S. M.]

M. 1.

Anthem Calfaria.

1 Yr iachawdwriaeth rad
     A gaed trwy waed yr Oen,
     Yw cân fy enaid gwan o hyd
     Yn nghanol byd o boen.

2 Bydd canu pêr am hon
     Yn Salem lon cyn hir,
     Pan una lluoedd nef a llawr
     I chwyddo 'r anthem bur.

3 Y gân a fydd i gyd
     O hyd am Gâlfari,
     A'r iachawdwriaeth fawr ei dawn
     Ddaeth un prydnawn i ni.

4 Boed Iesu i'm o hyd
     Yn dŵr a tharian gref,
     Rhag dyfais Satan a'i holl lid,
     A'i saethau tanllyd ef.

S. M.

Duty.

1 A charge to keep I have,
     A God to glorify,
     A never-dying soul to save,
     And fit it for the sky.

2 To serve the present age,
     My calling to fulfil;
     Oh, may it all my powers engage
     To do my Master's will!

3 Arm me with jealous care,
     As in Thy sight to live;
     And oh, Thy servant, Lord, prepare
     A strict account to give.

4 Help me to watch and pray,
     And on Thyself rely,
     Assured, if I my trust betray,
     I shall forever die.

INVOCATION.

15 ST. MARY'S. M. 3. [C. M.]

M. 3.

Erfyniad am yr Ysbryd.

1 Tyr'd Ysbryd Glân, Colomen nef,
   A bywyd oddi fry ;
  Ac cynyn fflam o gariad gwiw,
   Yn ein calonau ni.

2 Ffurfiol ac oeraidd fydd ein cân,
   A'n holl wasanaeth ni ;
  Os na fydd ynom nefol dân
   O'th weithrediadau di.

3 A gawn ni fod fel hyn o hyd
   Mor farwaidd a di wawr—
  Mor oer ein serch at Brynwr byd,
   A'n dyled ni mor fawr,

4 Tyr'd Ysbryd Glân, Colomen nef,
   Yn enw Iesu cu ;
  Ac cynyn fflam o'i gariad Ef,
   Yn ein calonau ni.
                  Amen.

C. M.

Invocation.

1 Come, Holy Spirit, heavenly Dove!
   With all Thy quickening powers;
  Kindle a flame of sacred love
   In these cold hearts of ours.

2 Look! how we grovel here below,
   Fond of these earthly toys!
  Our souls can neither fly nor go
   To reach eternal joys.

3 Dear Lord, and shall we ever live
   At this poor, dying rate—
  Our love so faint, so cold to Thee,
   And Thine to us so great?

4 Come, Holy Spirit, heavenly Dove!
   With all Thy quickening powers;
  Come shed abroad a Saviour's love,
   And that shall kindle ours.
                  Amen.

LOVE OF GOD.

16   BEDFORD. M. 3. [C. M.]

M. 3.
Ei Gariad.

1 CYDUNED y nefolaidd gôr,
   A llwythau dynol ryw,
I ganu'n llon â llafar lef,
   Mai CARIAD ydyw Duw.

2 Eglura gwirioneddau'r gair,
   Ei drugareddau gwiw,
Ac angeu Crist dros euog ddyn,
   Mai CARIAD ydyw Duw.

3 Gwel'd gwael bechadur yn y nef,
   (O! 'r fath ryfeddod yw,)
A ddengys trwy'r trigfanau fry,
   Mai CARIAD ydyw Duw.

4 Fy enaid clwyfus, na lesgha,
   Mae modd i wella'th friw;
Mae achos da in' dd'weyd bob dydd,
   Mai CARIAD ydyw Duw.
                Amen.

C. M.
His Love.

1 COME, let us join to praise the Lord,
   And raise our thoughts above;
Let every heart and voice accord
   To sing that God is LOVE.

2 This precious truth his word declares,
   And all his mercies prove;
Jesus, the gift of gifts, appears
   To show that God is LOVE.

3 Behold his patience, bearing long,
   With those who from Him rove;
Till mighty grace their heart subdues,
   To teach that God is LOVE.

4 O may we all, while here below,
   This best of blessings prove;
Till warmer hearts, in brighter world,
   Proclaim that God is LOVE.
                Amen.

GOD'S WAYS.

17 ST. PETER'S. M. 3. [C. M.]

M. 3.

Ei ffyrdd.

1 Trwy ddirgel ffyrdd mae'r uchel Ior
   Yn dwyn ei wraith i ben;
   Ei lwybrau ef rydd yn y môr,
   Mae'n marchog gwynt y nen.

2 Yn nghudd, mewn dwfn fwngloddiau
   Doethineb wir ddiwall,   [pur,
   Trysora ei fwriadau clir,
   Cyflawnir hwy'n ddiball.

3 Y saint un niwed byth ni chânt,
   Cymylau dua'r nen
   Sy'n llawn trugaredd, gwlawio wnant
   Fendithion ar eu pen.

4 Na farna Dduw wrth reswm noeth,
   Cred ei addewid rad;
   Tu cefn i lèn rhagluniaeth ddoeth
   Mae'n cuddio wyneb Tad.

5 Bwriadau dyfnion arfaeth gras,
   Ar fyr addfeda'n llawn:
   Gall fod y blodau'n chwerw eu blas,
   Ond melus fydd y grawn.

6 Ond gwyro dychymyg dyn,
   Heb gymhorth dwyfol ffydd;
   Gadawn i Dduw esbonio'i hun,
   Efe dry'r nos yn ddydd.
                        Amen.

C. M.

God's Ways.

1 God moves in a mysterious way,
   His wonders to perform;
   He plants his footsteps in the sea,
   And rides upon the storm.

2 Deep in unfathomable mines
   Of never-failing skill,
   He treasures up his bright designs,
   And works his sovereign will.

3 Ye fearful saints, fresh courage take,
   The clouds ye so much dread
   Are big with mercy, and shall break
   In blessings on your head.

4 Judge not the Lord by feeble sense,
   But trust Him for his grace;
   Behind a frowning providence
   He hides a smiling face.

5 His purposes will ripen fast,
   Unfolding every hour;
   The bud may have a bitter taste,
   But sweet will be the flower.

6 Blind unbelief is sure to err,
   And scan his work in vain;
   God is his own interpreter,
   And He will make it plain.
                        Amen.

LOVE OF CHRIST.

18   GLOUCESTER. M. 3. [C. M.]

M. 3.

Cariad Crist.

1 Wele Iachawdwr dynolryw
   Yn dyoddef ar y groes;
   A thros dy enaid euog di,
   Yn profi marwol loes!

2 Clyw ef yn gruddfan! plygu mae
   Cedyrn golofnau'r byd;
   Rhwygo mae llen y deml fawr,
   Dirgryna'r creigiau 'nghyd.

3 "Gorphenwyd!" rhoddwyd iawn difai,
   "O derbyn f' ysbryd I,"
   Medd Iesu pan ogwyddai'i ben,
   Ar fynydd Calfari.

4 Cyn hir fe dyr gadwyni'r bedd,
   Llewyrcha'n ddysglaer, gwn;
   O Oen fy Nuw! fu 'rioed fath loes,
   Na chariad ail i hwn.

               Amen.

C. M.

Love of Christ.

1 Behold the Saviour of mankind
   Nail'd to the shameful tree!
   How vast the love that Him inclined
   To bleed and die for thee!

2 Hark, how He groans! while nature shakes,
   And earth's strong pillars bend;
   The temple's veil asunder breaks,
   The solid marbles rend.

3 'T is done! the precious ransom's paid,
   "Receive my soul," He cries;
   See, how He bows his sacred head,
   He bows his head and dies.

4 But soon He'll break death's envious chain,
   And in full glory shine;
   O Lamb of God! was ever pain,
   Was ever love like Thine?

               Amen.

CHRIST.

19. CORONATION. M. 3. [C. M.]

M. 3.
Coronwch ef yn ben.

1 DERCHAFER enw Iesu cu
   Gan seintiau is y nen,
   A holl ancirif luoedd nef,
   Coronwch ef yn ben.

2 Angelion glân sy'n gwylio'n gylch,
   Oddeutu'r orsedd wen—
   Gosgorddion ei lywodraeth gref,
   Coronwch ef yn ben.

3 Hardd lu'r merthyri sydd uwchlaw
   Erlyniaeth, braw, na sen,
   A llafar glod, ac uchel lef,
   Coronwch ef yn ben.

4 Yr holl broffwydi 'nawr sy'n gwel'd
   Y Meichiau mawr heb len,
   A'r apostolion yn gyd-lef,
   Coronwch ef yn ben.

5 Pob perchen anadl yn mhob man,
   Dan gwmpas haul y nen—
   Ar fôr a thir, mewn gwlad a thref,
   Coronwch ef yn ben.

C. M.
Crown Him Lord of all.

1 ALL hail the power of Jesus' name,
   Let angels prostrate fall;
   Bring forth the royal diadem,
   And crown Him Lord of all.

2 Crown Him, ye martyrs of your God,
   Who from his altar call;
   Extol the stem of Jesse's rod,
   And crown Him Lord of all.

3 Ye saints redeemed of Adam's race,
   Ye ransomed from the fall;
   Hail Him who saves you by his grace,
   And crown Him Lord of all.

4 Let every kindred, every tribe,
   On this terrestrial ball,
   To Him all majesty ascribe,
   And crown Him Lord of all.

5 O that with yonder sacred throng
   We at his feet may fall,
   Join in the everlasting song,
   And crown Him Lord of all.

IN THAT DAY THERE SHALL BE A FOUNTAIN OPENED, ETC.

20 ST. STEPHEN. M. 3. [C. M.]

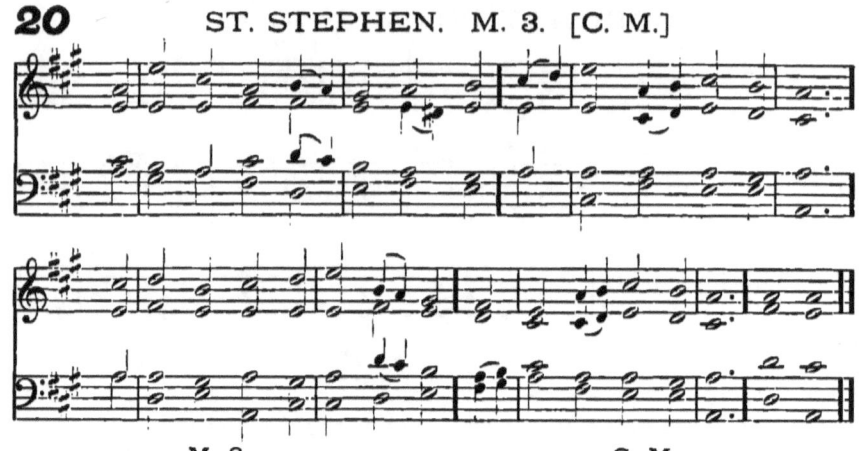

M. 3.
Ffynon wedi ei hagor.

1 AGORWYD ffynon i'n glanhau,
   Gan Iesu Brenin nef;
   A'i ffrydiau i olchi ffwrdd ein bai,
   Trwy rym ei gariad Ef.

2 Llawenydd sydd i lawer un,
   O herwydd agor hon;
   Mae lle i minau lawenhau
   Fod imi groesaw llon.

3 O farwol oen, dy ruddwaed drud
   Ni chyll ei rinwedd byth;
   Ond cyfyd holl dylwythau'r byd
   I'r gwynfyd pur dilyth.

4 Mi gânaf fi tra byddwyf byw
   Am rinwedd gwaed yr Oen;
   Ond mi gaf gânu cyn bo hir
   Mewn rhyw felusach dôn.

5 Ei ddwyfoll rinwedd fydd fy nghân
   Ar diroedd gwlad yr hedd,
   Pan fyddo'r bloesgaidd dafod hwn
   Dan glo y distaw fedd.

6 'Rwy'n credu caf fi delyn aur,
   Anheilwng er fy mod,
   Ddarparodd Iesu er fy mwyn
   I seinio maes ei glod.

7 Heb raid cyweirio 'i thanau pêr,
   E bery'r delyn hon;
   I fythol seinio mawl i'm pêr,
   Yn mhlith y dyrfa lon.   Amen.

C. M.
Zechariah xiii. 1.

1 THERE is a fountain filled with blood,
   Drawn from Immanuel's veins;
   And sinners, plunged beneath that
   Lose all their guilty stains. [flood,

2 The dying thief rejoiced to see
   That fountain in his day;
   And there may I, though vile as he,
   Wash all my sins away.

3 Dear dying Lamb, Thy precious blood
   Shall never lose its power,
   Till all the ransomed church of God
   Be saved, to sin no more.

4 E'er since, by faith, I saw the stream
   Thy flowing wounds supply,
   Redeeming love has been my theme,
   And shall be till I die.

5 Then in a nobler, sweeter song,
   I'll sing Thy power to save,
   When this poor lisping, stammering
   Lies silent in the grave. [tongue

6 Lord, I believe Thou hast prepared,
   Unworthy though I be,
   For me a blood-bought free reward,
   A golden harp for me.

7 'Tis strung, and tuned for endless years,
   And formed by power divine,
   To sound in God the Father's ears
   No other name but Thine.   Amen.

CHRIST.

21 DUNDEE. M. 3. [C. M.]

M. 3.
Haeddiant Crist.

1 Nis gall angelion pur y nef,
   A'u doniau aml hwy,
 Fyth osod allan haeddiant llawn
   Anfeidrol ddwyfol glwy'.

2 Am ddyoddef poenau angeu'r groes,
   Fe'i molir tra fo'r nef;
 Fy nerth, fy nghyfoeth, a fy Nuw,
   A'm noddfa dda yw ef.

3 Na foed un rhan o'm bywyd mwy
   Yn eiddo im' fy hun;
 Ond treulier fy mynydau oll
   Er clod i'm Harglwydd cun.

4 A gad im' brofi nefol hedd
   Mewn mynwes bur tra'n byw;
 Ac yna myn'd o'r byd i'r bedd,
   Mewn hedd â thi, O Dduw.
                              Amen.

C. M.
Christ's Merits.

1 The brightest angels of the skies,
   Though filled with holy breath,
 Can ne'er set forth what gifts arise
   From Jesus' painful death.

2 For each dread pang shall praise ascend
   To Him while heaven does last;
 He is my God, my strength, my friend,
   My refuge sure and fast.

3 Then let no portion of my days
   Be spent on self henceforth;
 But all my hours, my thoughts, my ways,
   Proclaim my Saviour's worth.

4 And whilst I live Thy peace impart,
   My bosom's balm to be;
 Then let me to the grave depart,
   In peace, my God, with Thee.
                              Amen.

LIFE IN CHRIST.

22 ST. JAMES. M. 3. [C. M.]

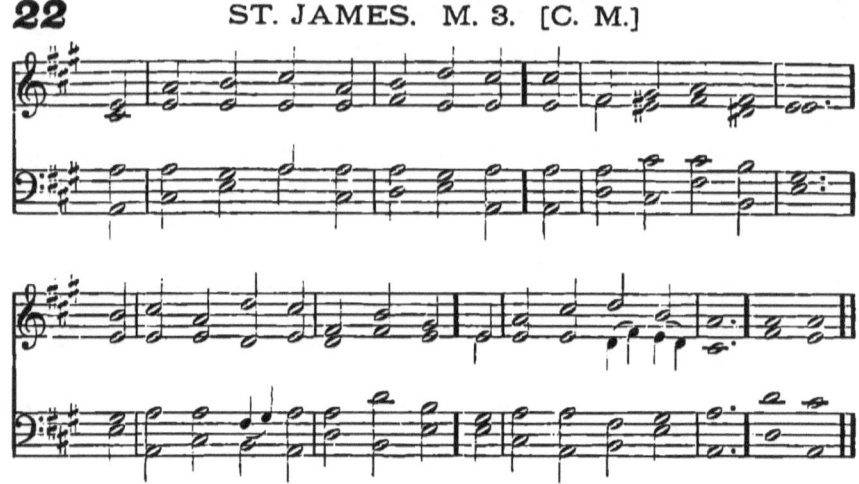

M. 3.
Iesu yn fywyd.

1 IESU, difyrwch f'enaid drud
   Yw edrych ar dy wedd;
   Ac mae llyth'renau 'th enw pur
   Yn fywyd ac yn hedd.

2 A than dy aden dawel glyd
   'Rwyf yn dymuno byw,
   Heb ymbleseru fyth mewn dim
   Ond cariad at fy Nuw.

3 'Does genyf ond dy allu mawr
   I'm nerthu fyn'd yn mlaen;
   Dy iachawdwriaeth yw fy ngrym,
   Fy ymffrost, a fy nghân.

4 Melusach nag yw'r diliau mêl
   Yw mynyd o'th fwynhau;
   Ac nid oes genyf bleser sydd
   Ond hyny yn parhau.
               Amen.

C. M.
Jesus our Life.

1 My soul's delight I will proclaim,
   O! Jesus, 't is Thy face;
   Each letter of Thy holy name
   Is full of life and grace.

2 Beneath Thy wing, Thou Saviour meek,
   I would forever be;
   No other pleasure vainly seek,
   My God, than loving Thee.

3 Thy strength alone supports each day,
   My footsteps, lest I fall;
   And Thy salvation is my stay,
   My joy, my song, my all.

4 Than combs of honey sweeter is
   Thy favor to enjoy;
   In life, in death, no joy than this
   Will last without alloy.
               Amen.

23 LEDBURY. M. 3. [C. M.]

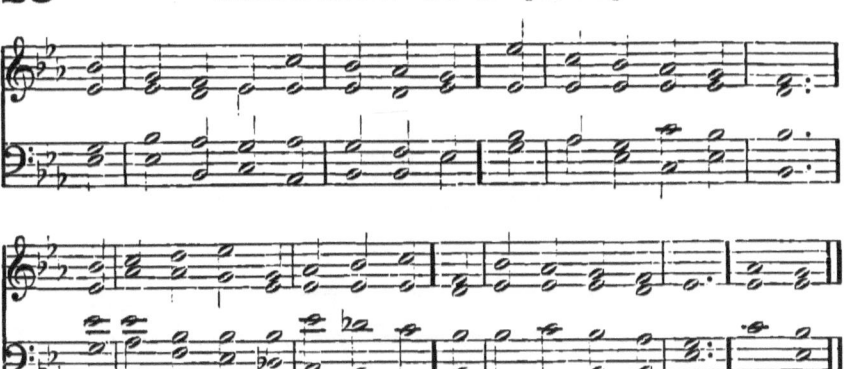

M. 3.

Gorsedd Gras.

1 AF at yr orsedd fel yr wyf,
  Anfeidrol orsedd gras;
  Dadguddiaf yno 'nghlwyfau maith
  A'm holl archollion cas.

2 Mae ynddo drugareddau fil,
  A chariad heb ddim trai;
  A rhyw ffyddlondeb fel y môr
  At ei gystuddiol rai.

3 Efe ei hun a'm gwrendy fry,
  Efe a'm cwyd i'r lan;
  Efe ei hun yw unig dwr,
  A nawdd fy enaid gwan.

4 Cyn hir daw holl drofeydd y daith
  A'i 'stormydd certh i ben;
  Tragwyddol ganu clod ei ras
  A gaf tu draw i'r llen.
                    Amen.

C. M.

Throne of Grace.

1 To Jesus' throne, unclean I go,
  The Saviour's throne of grace,
  To Him disclose my wounds, my woe,
  My sores before Him place.

2 In Him a million mercies lie,
  His love no words can paint;
  With faithful care He will supply
  Each poor, afflicted saint.

3 Though raised on high, He hears me
  He'll lift me from the dust; [call,
  My tower, my strength, my God, my
  To Him my soul I trust.   [all,

4 Ere long the troubles of this life
  And all its storms shall cease;
  And I will ever sing the praise
  Of grace for my release.
                    Amen.

WAITING FOR JESUS.

24 BANGOR. M. 3. [C. M.]

M. 3.
Dysgwyliad.

1 'Rwy'n edrych dros y bryniau pell,
   Am danat Iesu mawr;
Tyr'd, fy Anwylyd, mae'n hwyrhau,
   A'm haul bron myn'd i lawr.

2 Tebygwn, pe bai'n nhraed yn rhydd
   O'r blin gaethiwed hyn,
Na wnawn ond canu tra f'awn byw
   Am ras Calfaria fryn.

3 Mae arnaf hiraeth am y wlad,
   Lle mae torfeydd diri';
Yn canu'r anthem i barhau,
   Am angeu Calfari.

4 Mor ddedwydd ydyw'r dyrfa lan,
   Ar diroedd gwlad yr hedd;
Sy'n gorphwys o'u blinderau dwys,
   Ac yn mwynhau dy wedd.
                 Amen.

C. M.
Expectation.

1 I LOOK beyond the distant hills,
   My risen Lord to see;
O come, Beloved, ere the dusk,
   My sun doth set on me.

2 Methinks that were my feet released
   From these afflicting chains,
I would but sing of Calvary,
   Nor think of all my pains.

3 I long for Thy divine abode,
   Where sinless myriads dwell,
Who ceaseless sing Thy boundless love,
   And all Thy glories tell.

4 How happy are the saints in those
   Celestial realms above;
Who rest from every pain and grief,
   And sing Thy boundless love.
                 Amen.

HOLY SPIRIT.

25 DRYBERG. M. 3. [C. M.]

M. 3.

Ceisio'r Ysbryd.

1 Tyr'd Ysbryd Glân, colomen nef,
   A bywyd oddi fry;
Ac enyn fflam o'i gariad gwiw
   Yn ein calonau ni.

2 Ffurfiol ac oeraidd fydd ein cân,
   A'n holl wasanaeth ni;
Os na fydd ynom nefol dân,
   O'th weithrediadau di.

3 A gawn ni fod fel hyn o hyd,
   Mor farwaidd a di-wawr—
Mor oer ein serch at Brynwr byd,
   A'n dyled ni mor fawr?

4 Tyr'd Ysbryd Glân, colomen nef,
   Yn enw Iesu cu;
Ac enyn fflam o'i gariad ef
   Yn ein calonau ni.
                              Amen.

C. M.

Asking for the Spirit.

1 Come, Holy Spirit, heavenly Dove,
   With all thy quick'ning powers;
Kindle a flame of sacred love
   In these cold hearts of ours.

2 In vain we tune our formal songs,
   In vain we strive to rise;
Hosannas languish on our tongues,
   And our devotion dies.

3 Dear Lord, and shall we ever live
   At this poor dying rate?
Our love so faint, so cold to Thee,
   And Thine to us so great?

4 Come, Holy Spirit, heavenly Dove,
   With all thy quick'ning powers;
Come, shed abroad a Saviour's love,
   And that shall kindle ours.
                              Amen.

HEAVEN.

26 EVAN. M. 3. [C. M.]

M. 3.
Y nef.

1 MAE gwlad i'w chael o wynfyd pur,
Lle y teyrnasa'r saint;
Trag'wyddol ddydd alltudia'r nos,
Ac nid oes yno haint.

2 Trag'wyddol haf sydd yn y wlad,
Ni wywa'i blodau hi;
Rhyngom a llawn feddianu'r lle,
Mae culfor angeu du.

3 Ei meusydd ydynt fythol wrdd,
Dan wenau haul y nef;
Fel hyn y bu y Canaan gynt,
Tu draw'r Jorddonen gref.

4 O na chaem ffydd i ymlid ffwrdd
Ein holl amheuon ni;
Fel gallem wel'd â golwg glir
Ei hyfryd diroedd hi.

5 Pe gallem megis Moses fwyn
Gael golwg ar ei gwedd,
Yn mlaen y rhodiem yn ddi-fraw,
Er angeu du a'r bedd.
Amen.

C. M.
Heaven.

1 THERE is a land of pure delight,
Where saints immortal reign;
Infinite day excludes the night,
And pleasures banish pain.

2 There everlasting spring abides,
And never withering flowers;
Death, like a narrow sea, divides
This heavenly land from ours.

3 Sweet fields beyond the swelling flood
Stand dressed in living green;
So to the Jews old Canaan stood,
While Jordan rolled between.

4 O could we make our doubts remove,
Those gloomy doubts that rise;
To see the Canaan that we love,
With unbeclouded eyes.

5 Could we but climb where Moses stood,
And view the landscape o'er, [flood,
Not Jordan's stream, nor death's cold
Should fright us from the shore.
Amen.

WORTHY THE LAMB.

27 AZMON. [DENFIELD.] M. 3. [C. M.]

M. 3.

Teilwng yw yr Oen.

1 Cydunwn â'r angylaidd lu
. Wrth orsedd Duw yn un;
Deng mil o filoedd yw eu cân,
Er hyn nid yw ond un.

2 "Teilwng yw 'r Oen byth," meddant hwy,
"O eithaf parch a bri,"
"Teilwng" atebwn ninau 'n fwy,
Bu farw drosom ni!

3 Efe ei hunan biau 'r mawl:
Mae ganddo hawl ddilyth
I foliant uwch nag allwn ni
Ei roddi iddo byth.

4 Doed y gre'digaeth ëang oll,
Ag un soniarus lef,
I ogoneddu 'r addfwyn Oen,
Can's teilwng ydyw Ef.

C. M.

Worthy the Lamb.

1 Come, let us join our cheerful songs
With angels round the throne;
Ten thousand thousand are their tongues,
But all their joys are one.

2 "Worthy the Lamb that died," they cry,
"To be exalted thus!"
"Worthy the Lamb!" our lips reply,
"For He was slain for us."

3 Jesus is worthy to receive
Honor and power divine;
And blessings, more than we can give,
Be, Lord, forever thine!

4 The whole creation join in one,
To bless the sacred name
Of Him who sits upon the throne,
And to adore the Lamb!

SALVATION.

28   ARLINGTON. M. 3. [C. M.]

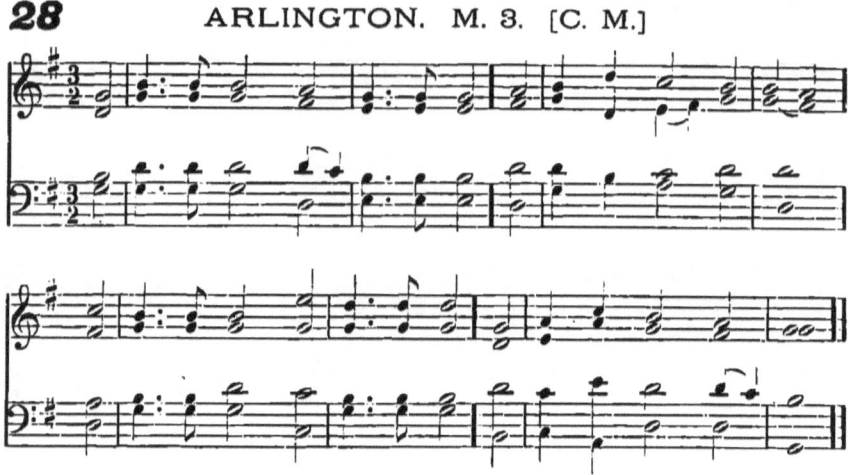

M. 3.

Llawnder Iachawdwriaeth.

1 MAE 'r Iachawdwriaeth fel y môr,
    Yn chwyddo byth i'r lân;
  Mae ynddi ddigon, digon byth,
    I'r truan ac i'r gwan.

2 'Does ynddi ddiffyg byth yn bod,
    Trysorau gras sy 'n llawn,
  Er maint yr yfed a'r glanhau
    O forau hyd brydnawn.

3 Mae ynddi drugareddau hael
    I'w cael yn ddinacâd,
  A phob bendithion ynddi 'n 'stor
    Tragwyddol eu parhad.

4 Awn, bechaduriaid at y dŵr
    A darddodd ar y bryn;
  Ac ni gawn yfed byth heb drai,
    O'r ffrydiau gloew hyn.

C. M.

Salvation.

1 SALVATION, like a boundless sea,
    Which floods on every shore,
  Has full supply for you and me,
    And gifts of endless store.

2 No want or thirst is ever here;
    Great depths of grace abound;
  Although the help that all require
    From dawn to vesper sound.

3 These mercies all are full and free,
    Yea, none are sent away;
  And everlasting shall they be;
    No shadow of decay.

4 Come to the waters, sinner, come,
    That flow from Calvary,
  And you shall drink forever from
    This fountain full and free.

PRAISE.

29   TALLIS. M. 3. [C. M.]

M. 3.

Rhinwedd angeu 'r groes.

1 Am angeu'r groes mae cânu'n awr,
   Bydd eto gânu mwy;
   Pan gwrddo plant y gaethglud oll,
   Mawr fydd eu cânu hwy.

2 Dan bob cystuddiau fwy na mwy—
   Rhuadau cnawd a byd,
   Mae nerth i w gael mewn marwol glwy'
   I'w maeddu oll yn nghyd.

3 Trwy angeu Crist daeth i ni hedd,
   A chymod yn ei waed;
   A thrwy ei glwyfau dyfnion Ef
   Caed i ni lwyr iachâd.

4 Marwolaeth ein Gwaredwr mawr
   Sy'n fywyd pur i ni;
   Fel gallwn roddi 'r oll i lawr
   Yn gôf am Galfari.

5 Pan ddelo 'r seintiau adref oll
   I Salem fawr ei sôn;
   Nid ofni mwy, ond dyblu'r mawl
   Bydd pawb i Dduw a'r Oen.
              Amen.

C. M.

National Praise.

1 Our land, O Lord! with songs of praise
   Shall in Thy strength rejoice,
   And, blest with Thy salvation, raise
   To heaven a cheerful voice.

2 Thy sure defence through nations round
   Hath spread our country's name,
   And all her humble efforts crowned
   With freedom and with fame.

3 In deep distress our injured land
   Implored Thy power to save;
   For life we prayed; Thy bounteous hand
   The timely blessing gave.

4 On Thee, in want, or woe, or pain,
   Our hearts alone rely;
   Our rights Thy mercy will maintain,
   And all our wants supply.

5 Thus, Lord, Thy wondrous power declare,
   And still exalt Thy fame;
   While we glad songs of praise prepare
   For Thine almighty name.
              Amen.

THE CHRISTIAN'S PORTION.

30 MELODY. M. 3. [C. M.]

M. 3.

Etifeddiaeth Plant Duw.

1 PLANT ydym eto dan ein hoed,
 Yn dysgwyl am y 'stad;
 Mae 'r etifeddiaeth i ni 'n dod
 Wrth Destament ein Tad.

2 Ni ddigalonwn eir en bod
 Yn awr mewn anial wlad;
 Mae 'r etifeddiaeth i ni 'n dod
 Wrth Destament ein Tad.

3 Gorthrymder geir o dan y rhod,
 Ond byr fydd ei barhad;
 Mae 'r etifeddiaeth i ni 'n dod
 Wrth Destament ein Tad.

4 Cawn ganu byth ei uchel glod,
 'Rol cyrhaedd nefol wlad;
 Mae'r etifeddiaeth i ni 'n dod
 Wrth Destament ein Tad.

C. M.

The Christian's Portion.

1 YE saints below, and hosts above,
 Join all your praising powers;
 No theme is like redeeming love,
 No Saviour is like ours.

2 What object, Lord, my soul should
 If once compared with Thee; [move,
 What beauty should command my
 Like what in Christ I see? [love,

3 Had I ten thousand hearts, dear Lord,
 I 'd give them all to Thee;
 Had I ten thousand tongues, they all
 Should join the harmony.

4 To Father, Son, and Holy Ghost,
 The God whom we adore,
 Be glory, as it was, is now,
 And shall be evermore.

NAME OF JESUS.

31 DOWNS. M. 3. [C. M.]

M. 3.

Pereidd-dra enw Crist.

1 Mor beraidd i'r credadyn gwan
  Yw hyfryd enw Crist;
  Mae'n llaesu ei boen, yn gwella ei glwy',
  Yn lladd ei ofnau trist.

2 I'r ysbryd clwyfus rhydd iachad,
  Hedd i'r drallodus fron;
  Mae'n fanna i'r newynog ddyn,
  I'r blin, gorphwysfa lon.

3 Hoff enw! fy ymguddfa mwy,
  Fy nghraig a'm tarian yw:
  Trysorfa ddiball yw o ras
  I mi y gwaela'n fyw.

4 Iesu, fy Mhrophwyd, a fy Mhen,
  F' Offeiriad mawr, a'm Brawd,
  Fy mywyd i, fy ffordd, fy nod,—
  Derbyn fy moliant tlawd.

5 A phan y deui yr ail waith,
  Mewn mawredd, parch, a bri,
  I farnu 'r byw a'r meirw 'nghyd,
  O Dduw! na wrthod fi.

C. M.

Jesus's Name.

1 How sweet the Name of Jesus sounds
  In a believer's ear!
  It soothes his sorrows, heals his wounds,
  And drives away his fear.

2 It makes the wounded spirit whole,
  And calms the troubled breast;
  'Tis manna to the hungry soul,
  And to the weary, rest.

3 Dear Name! the Rock on which I build,
  My Shield and Hiding-place,
  My never-failing Treasury, filled
  With boundless stores of grace!

4 Jesus! my Shepherd, Husband, Friend,
  My Prophet, Priest, and King;
  My Lord, my Life, my Way, my End,
  Accept the praise I bring.

5 Till then I would Thy love proclaim
  With every fleeting breath;
  And may the music of Thy Name
  Refresh my soul in death.

SAFETY.

32   MARTYRDOM. M. 3. [C. M.]

M. 3.

Tad wrth y llyw.

1 Ar fôr tymhestlog teithio 'r wyf,
   I fyd sydd well i fyw;
   Gan wenu ar ei stormydd oll—
   Fy Nhad sydd wrth y llyw.

2 Er cael fu nhaflu o don i yon,
   Nes ofni bron cael byw;
   Diangol ydwyf hyd yn hyn—
   Fy Nhad sydd wrth y llyw.

3 Ac os oes stormydd mwy yn ol,
   Yn nghadw gan fy Nuw,
   Wynebaf arnynt oll yn hyf—
   Fy Nhad sydd wrth y llyw.

4 A phan fo 'u hymchwydd yn cryfhau,
   Fy angor sicr yw;
   Dof yn ddiogel trwyddynt oll—
   Fy Nhad sydd wrth y llyw.

5 I mewn i'r porthladd tawel, clyd,
   O swn y storm a'i chlyw;
   Y caf fynediad llon ryw ddydd—
   Fy Nhad sydd wrth y llyw.
                 Amen.

C. M.

Safety.

1 To Zion's hill I lift mine eyes,
   From thence expecting aid;
   From Zion's hill, and Zion's God,
   Who heaven and earth has made.

2 Thou, then, my soul, in safety rest;
   Thy Guardian will not sleep;
   His watchful care, that Israel guards,
   Will thee in safety keep.

3 Sheltered beneath the Almighty's
   Thou shalt securely rest, [wings,
   Where neither sun nor moon shall
   By day or night, molest. [thee,

4 At home, abroad, in peace, in war,
   Thy God shall thee defend,
   Conduct thee through life's pilgrimage
   Safe to thy journey's end.

5 Thy Saviour shall uphold thy head,
   And guide thee with his hand,
   Through all the storms of life and death
   Safe to the heavenly land.
                 Amen.

REST IN HEAVEN.

33 RICH. M. 3. [C. M.]

M. 3.
Gorphwys yn y Nef.

1 Mae 'n hyfryd meddwl ambell dro,
   Wrth deithio anial le;
   Ar ol ein holl flinderau dwys,
   Cawn orphwys yn y ne'.

2 Pan ar ddiffygio gan y daith,
   A lludded maith y lle;
   Mor hoff yw gwybod wedi hyn,
   Cawn orphwys yn y ne'.

3 Er colli ein cyfeillion hoff,
   Yn yr Iorddonen gref;
   Mae 'n felus meddwl—eto 'n nghyd,
   Cawn gwrddyd yn y nef.

4 Cymhwyser ni drwy 'r Ysbryd Glan,
   A'i rasol ddoniau Ef;
   Nes delom fel t'wysenau llawn,
   Yn addfed iawn i'r nef.

C. M.
Rest in Heaven.

1 When I can read my title clear
   To mansions in the skies,
   I bid farewell to every fear,
   And wipe my weeping eyes.

2 Should earth against my soul engage,
   And hellish darts be hurled,
   Then I can smile at Satan's rage,
   And face a frowning world.

3 Let cares like a wild deluge come,
   And storms of sorrow fall,
   May I but safely reach my home,
   My God, my heaven, my all!

4 There shall I bathe my weary soul
   In seas of heavenly rest,
   And not a wave of trouble roll
   Across my peaceful breast.

FELLOWSHIP.

34 CANAAN. [C. M.]

C. M.
The Happy Shore.

1 How pleasant thus to dwell below
  In fellowship of love!
  And, tho' we part, 't is bliss to know
  The good shall meet above.
    Oh, that will be joyful, joyful, joyful!
    Oh, that will be joyful,
    To meet to part no more,
    To meet to part no more
    On Canaan's happy shore,
    And sing the everlasting song
    With those who 've gone before.

2 Yes, happy thought! when we are free
  From earthly grief and pain,
  In heaven we shall each other see,
  And never part again.
    Oh, that will be joyful, etc.

3 Then let us each, in strength divine,
  Still walk in wisdom's ways,
  That we with those we love may join
  In never-ending praise.
    Oh, that will be joyful, etc.

THE PROMISED LAND.

35   ST. DAVID'S. M. 3. [C. M.]

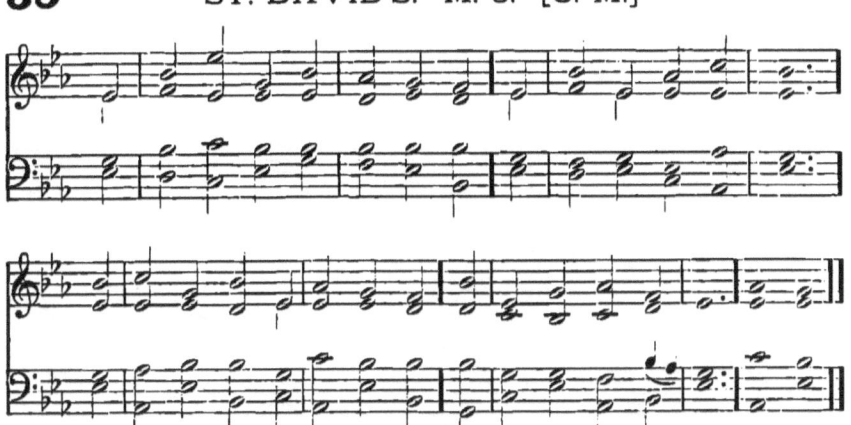

M. 3.

Gwlad yr addewid.

1 Ar lan'r Iorddonen sefyll wyf,
   Gan fwrw golwg brudd
   Ar ddedwydd diroedd Canaan draw,
   Lle mae trysorau 'm ffydd.

2 O'r olwg gu lesmeiriol gwyd,
   I'm gwydd tu draw i'r don;
   Per feusydd hardd yn wyrddion byth,
   Afonydd bywiol llon;

3 Yno y tyf pob ffrwythau per,
   Fy ffydd yn awr a'u gwel;
   Y bryniau a'r dyffrynoedd pur,
   Lifant o laeth a mel.

4 Pa bryd y caf I dirio draw,
   I'm cartref dedwydd cu?
   Pa bryd caf weled gwedd fy Nhad,
   Yn ei drigfanau fry?

5 Gan lwyr hyfrydwch, fy enaid drud,
   Ni thrigai yma'n hwy;
   Er i'r Iorddonen ruo'm cylch,
   Heb arswyd torwn trwy.
                    Amen.

C. M.

The Promised Land.

1 On Jordan's rugged banks I stand,
   And cast a wishful eye
   To Canaan's fair and happy land,
   Where my possessions lie.

2 O the transporting rapt'rous scene
   That rises to my sight;
   Sweet fields array'd in living green,
   And rivers of delight.

3 There generous fruits, that never fail,
   On trees immortal grow;
   There rocks, and hills, and brooks, and
   With milk and honey flow. [vales,

4 When shall I reach that happy place,
   And be forever blest?
   When shall I see my Father's face,
   And in his bosom rest?

5 Fill'd with delight, my raptur'd soul
   Can here no longer stay;
   Though Jordan's waves around me
   Fearless I'd launch away. [roll,
                    Amen.

WE MEET IN HIS NAME.

36 ST. MAGNUS. M. 3. [C. M.]

M. 3.
Y wledd dragwyddol.

1 Mae addewidion melus wledd
　Yn gyflawn ac yn rhad
　Yn dy gyfamod pur o hedd,
　Tragwyddol ei barhad.

2 'Rwyf finau yn dymuno d'od
　I'r wledd ddanteithiol fras;
　Ac felly mi gaf seinio clod
　Am ryfedd rym dy ras.

3 O rhwyma fi wrth byst dy byrth,
　I aros tra b'wy' byw;
　I edrych ar dy wedd a'th wyrth,
　A'th foli di fy Nuw.

4 Os aros gaf o fewn dy dŷ
　Tra pery'm brenol oes,
　Mi ganaf gyda'r dyrfa fry
　Byth byth am rin y Groes.
　　　　Amen.

C. M.
Two or Three.

1 Wherever two or three may meet,
　To worship in Thy name,
　Bending beneath Thy mercy-seat,
　This promise they may claim:—

2 Jesus in love will condescend
　To bless the hallowed place;
　The Saviour will himself attend,
　And show his smiling face.

3 How bright the assurance! gracious
　Fountain of peace and love, [Lord,
　Fulfil to us Thy precious word,
　Thy loving-kindness prove.

4 Now to our God—the Father, Son,
　And Holy Spirit—sing!
　With praise to God, the Three in One,
　Let all creation ring.
　　　　Amen.

HOME IN HEAVEN.

37 ABBEY. M. 3. [C. M.]

M. 3.

Dring i fyny yma.

1 I DDEDWYDD fro Caersalem fry
'Rwy'n teithio nos a dydd;
Er trigo mewn daearol dŷ,
Fy nghalon yno sydd.

2 Pa beth sydd yn fy nghadw 'n ol,
Rhag myned yno i fyw?
Mae 'r Iesu yn fy ngwa'dd i'w gôl,
A heirdd angylion Duw.

3 O na bae yn fy nghalon fwy
O'r nefoedd yn y byd,
Cyn myn'd o'm hysbryd dedwydd
I feddu 'r wynfa glyd.   [trwy,

4 Caf yno gânu am y groes
Heb ofid, poen, na chlwy';
Rhyfeddu rhinwedd angeu loes,
I dragwyddoldeb mwy.

Amen.

C. M.

Divine Protection.

1 ARISE, my soul, my joyful powers,
And triumph in my God;
Awake, my voice, and loud proclaim
His glorious grace abroad.

2 The arms of everlasting love
Beneath my soul He placed;
And on the Rock of Ages set
My slippery footsteps fast.

3 The city of my blest abode
Is walled around with grace;
Salvation for a bulwark stands
To shield the sacred place.

4 Arise, my soul; awake my voice,
And tunes of pleasure sing;
Loud hallelujahs shall address
My Saviour and my King.

Amen.

CROSS AND CROWN.

38   MAITLAND. M. 3. [C. M.]

M. 3.

Fy nghroes a fy nghoron.

1 A RAID i'r Iesu mawr ei hun
   I ddwyn y groes ddi-fri?
   Na, mae ei groes i bob rhyw ddyn,
   Ac y mae croes i mi.

2 Y gysegredig groes wnaf ddwyn
   Yn ddwel drwy y byd,
   Hyd nes caf fyn'd i'm cartref mwyn,
   I wisgo'r goron ddrud.

3 Mor hardd yw gwedd y dyrfa lân,
   Fu gynt fel minau'n brudd,
   Sydd fry yn bythol seinio'r gân,
   Heb ddeigryn ar eu grudd.

4 Wrth draed pwyedig Iesu mawr,
   Ar balmant claer y Nef,
   Fy nghoron auraidd ro'f i lawr,
   O barch i'w enw Ef.

5 Cyd-chwareu eu telynau gwiw
   A wna y dorf ddi-glwy',
   I'r Hwn fu farw, sydd yn fyw
   I dragwyddoldeb mwy.

6 O werthfawr groes! O goron dêr!
   O adgyfodiad ddydd!
   Chwi engyl, dygwch uwch y sêr
   Yn awr fy enaid prudd.

C. M.

My Cross and Crown.

1 Must Jesus bear the cross alone,
   And all the world go free?
   No; there's a cross for every one,
   And there's a cross for me.

2 The consecrated cross I'll bear,
   Till death shall set me free;
   And then go home my crown to wear,
   For there's a crown for me.

3 How happy are the saints above,
   Who once went sorrowing here!
   But now they taste unmingled love,
   And joy without a tear.

4 Upon the crystal pavement, down
   At Jesus' piercéd feet,
   Joyful I'll cast my golden crown,
   And his dear Name repeat.

5 And palms shall wave, and harps shall ring,
   Beneath heaven's arches high;
   The Lord that lives, the ransomed sing,
   That lives, no more to die.

6 O precious cross! O glorious crown!
   O resurrection day!
   Ye angels, from the stars come down
   And bear my soul away.

THE SAVIOUR.

39 ST. MARTIN'S. M. 3. [C. M.]

M. 3.

Crist yn Waredwr.

1 Ni gawsom y Messia 'n rhad,
    Ymgeledd llwch y llawr;
  Yr enw mwyaf yw erioed,
    Anwylaf i ni 'nawr.

2 Fe wnaeth ei babell yn ein plith,
    A'i bresenoldeb sy'
  Yn troi pob cystudd a phob loes
    Yn hyfryd hedd i ni.

3 Ni welaf wrthddrych mewn un man
    O'r ddaear faith i'r ne',
  A dâl ei garu tra f' wyf byw
    Yn unig ond Efe.

4 Fe'm harwain drwy yr anial fyd,
    Fe'm cynal dan fy nghroes;
  Fe'm gwared o'm blinderau i gyd,
    Drwy rin ei farwol loes.

C. M.

A Token.

1 In token that thou shalt not fear
    Christ crucified to own,
  We set his seal upon thee here,
    And stamp thee his alone.

2 In token that thou shalt not blush
    To glory in his Name,
  We blazon here upon thy front
    His glory and his shame.

3 In token that thou, too, shalt tread
    The path He travelled by;
  Endure the cross, despise the shame,
    And sit thee down on high;

4 Thus outwardly and visibly
    We seal thee for his own;
  And may the brow that wears his
    Hereafter share his crown. [cross,

THE WORD OF GOD.

40   CLAREMONT. M. 3. [C. M.]

M. 3.
Gair Duw.

1 GOLEUNI ac anfeidrol rym,
   Yw hyfryd eiriau'r nen;
Pob sill erioed a dd'wedodd Ef
   Sydd siwr o dd'od i ben.

2 Mae'i eiriau fel y diliau mêl,
   A'i holl orch'mynion sy'
I gyd yn dangos rhinwedd maith
   Santeiddrwydd nefoedd fry.

3 Mae'i addewidion fel yr haul,
   Yn sicr o gadw eu lle,
Ac nid â'r sillaf leia' ar goll
   O'i hyfryd eiriau E.

4 Ei addewidion sydd tan sêl,
   Fel rhyw ffynonau pur
Ag sy'n rhoi allan loew ffrwd,
   Tros hyfryd Salem dir.

C. M.
The Word of God.

1 ALMIGHTY power and heavenly light
   Are in the words He said;
And every word that e'er He taught
   Will surely be fulfilled.

2 His words are sweet as honeycomb;
   His statutes, too, are given
To show the purity above,
   The holiness of heaven.

3 His promises are like the sun,
   Which never, never move;
And not a sentence shall be lost,
   But every jot He'll prove.

4 Come, now, how we rejoice to think
   Of that sweet, happy day,
And of the promises fulfilled
   In holy, best array.

THE NAME OF JESUS.

41   CHICHESTER. M. 3. [C. M.]

M. 3.

Mawl i'r Gwaredwr.

1 O AM dafodau fil mewn hwyl,
   I seinio gyda blas,
Ogoniant mawr fy Mhrynwr gwiw,
   A rhyfeddodau 'i ras.

2 Fy ngrasol Arglwydd a fy Nuw,
   Rho gymhorth er dy glod,
I ddadgan mawl i'th enw gwiw,
   Trwy bod man îs y rhod.

3 Dy enw di, O Iesu mawr,
   A lawenycha 'n gwedd;
Pêr sain yn nghlust pechadur yw,
   Mae 'n fywyd ac yn hedd.

4 Fyddariaid clywch—chwi fudion rai
   Clodforwch Frenin hedd;
Y dall a'r cloff fo 'n llawenhau
   Mewn golwg ar ei wedd.

C. M.

Thy Name is as Ointment poured forth.

1 OH for a thousand tongues to sing
   My dear Redeemer's praise;
The glories of my God and King,
   The triumphs of his grace.

2 My gracious Saviour, and my God,
   Assist me to proclaim,
To spread through all the earth abroad,
   The honors of Thy name.

3 Jesus, the name that calms our fears,
   That bids our sorrows cease;
'T is music in the sinner's ears,
   'T is life, and health, and peace.

4 He breaks the power of reigning sin,
   He sets the prisoner free;
His blood can make the foulest clean,
   His blood availed for me.

42. NORMANTON. M. 3. [C. M.]

M. 3.

Gweddi ar ddechreu Oedfa.

1 O Iesu, Ceidwad mawr y byd,
　Rho fywyd yn ein plith;
　Ac agor ddôr i draethu 'th air,
　Na chauir mo'ni byth.

2 Ymddangos heddyw yn ein mysg,
　Fel, yn dy wisg o waed,
　Y'th welwyd gynt ar ben y bryn,
　A'r gelyn dan dy draed.

3 Agorwyd ffynon dan dy fron,
　Yn hon mae rhinwedd byth;
　Fe olchwyd ynddi 'n berffaith lân,
　Rai aflan rif y gwlith.

4 Aed son am hon trwy'r byd ar led,
　A gwared, trwy dy ras,
　O feddiant Satan, cnawd, a gwae,
　Dylwythau 'r ddaear las.
　　　　　　　　　Amen.

C. M.

The Saviour of the World.

1 Jesus, great Saviour of the world,
　Oh, give us life and peace;
　Oh, open Thou the way to preach
　Salvation full of grace.

2 To-day appear Thou in our midst,
　Thy garment dyed with blood,
　As Thou wert on the mountain seen
　With death beneath Thy rod.

3 There was a fountain opened then
　To wash away our sin;
　And in this fountain shall be washed
　The foulest perfect clean.

4 Now spread through all the world his praise,
　Free redemption, free grace,
　From Satan's yoke, the world, the flesh,
　To millions of our race.
　　　　　　　　　Amen.

FAITH AND UNBELIEF.

43 SALISBURY. M. 3. [C. M.]

M. 3.

Ffydd ac Anghrediniaeth.

1 O ANGHREDINIAETH mawr ei rym,
  Ti roddaist i mi glwy':
  Ond yn dy wyneb credu wnaf
  Fod doniau'r nef yn fwy.

2 Trech yw un gair o enau'm Duw,
  Na'r pechod cryfa' erioed;
  Pan dd'wed y gair, fe gwymp fy mai
  Yn chwilfriw tan fy nhroed.

3 Tan gredu mi anturia 'mlaen
  Crediniaeth yw fy ngrym;
  A than awelon cadarn gred;
  Nid all fy mhechod ddim.

4 Mi ro'f f' ymddiried ynddo Ef,
  Mae noddfa gref i'r gwan:
  Ac er y curo sy' arna'i lawr,
  Fe ddeil fy mhen i'r làn.

C. M.

Faith and Unbelief.

1 O UNBELIEF, how great the wounds
  Thou to my soul hast given;
  Before thy face I will believe
  My strength will come from heaven.

2 Far greater is one word from God
  Than all the show of men;
  When He will speak my sins will cease,
  And they are all forgiven.

3 Believing, I will onward press,
  And faith shall be my guide;
  And through the channel of his word
  He will all grace provide.

4 I will put all my trust in Him,
  Strong refuge for the weak;
  When storms are beating down my
  I shall his comfort seek. [soul,

BLOOD OF CHRIST.

44   BELMONT. M. 3. [C. M.]

M. 3.

Ffynon Calfaria.

1 Mi welaf ffynon lawn o waed,
   Sef gwaed y Meichiau mawr,
   Lle gall troseddwyr mwyaf gaed
   Gael bywyd ynddi 'n awr.

2 Mae llais y nef yn galw 'n awr
   Drueiniaid fawr a mân,
   I ddyfod iddi ar y llawr
   I'w golchi oll yn lân.

3 Yr wyf yn dyfod, O fy Nuw
   I 'mofyn am y gwaed;
   O, golch yn lân y dua 'i liw
   Sy'n dysgwyl wrth dy draed.

4 O am dafodau fil mewn hwyl,
   I seinio gyda blas,
   Ogoniant mawr fy Mhrynwr gwiw,
   A rhyfeddodau 'i ras.

C. M.

The Blood of Christ.

1 I SEE a fountain filled with blood,
   The blood of Christ the Lord;
   The greatest sinner may be rid
   Of his accursed load.

2 A voice from heaven is calling now
   To sinners great and small,
   To come and wash their sins away;
   Oh, do obey this call.

3 We come, oh, help us now, our God,
   To feel the power of sin;
   And plunge beneath the healing flood
   To wash us white and clean.

4 Oh, give us, now, ten thousand tongues
   To praise the Saviour's name;
   May all the people praise his grace,
   And angels chant the same.

GOODNESS OF GOD.

45   ARNOLD'S. M. 3. [C. M.]

M. 3.

Daioni Duw.

1 Gwaith hyfryd yw clodfori 'r Iôn,
  Ei ras a'i hedd di-lyth;
  O oes i oes ei fawl a red,
  Mewn sain gorfoledd byth.

2 A'i fawr haelioni llenwi mae
  Drigfanau pur y nef,
  A llwythir euog blant y llawr
  A'i ddoniau gwerthfawr Ef.

3 Am fawr ddaioni Brenin nef
  Dyrchafwn uchel glod,
  Can's ynddo 'r ydym oll yn byw,
  Yn symud, ac yn bod.

4 Ond wrth roi 'i Fab i angeu 'r groes
  Dros ddeiliaid gwae a'r bedd,
  Dadguddir ei ddaioni pur
  Yn ei ddisgleiriaf wedd.

5 O Dduw pa beth a dalwn ni
  Am dy anhraethol ddawn?
  Rhy fach yw mawl holl luoedd nef
  I draethu'th glod yn llawn.

D

C. M.

God's Goodness.

1 To God we now delight to sing,
  And grace shall be our song;
  From age to age his glory ring,
  To endless age prolong.

2 His bounties fill the heaven and earth
  With wonder and with praise;
  And, all unworthy as we are,
  The earth is full of grace.

3 Because our king is great and good,
  We will adore his name;
  For, yes, in Him we live and move,
  His praises to proclaim.

4 But when his Son He gave to die
  To save us all from hell,
  His goodness shines so clear and bright,
  Its value none can tell.

5 O God, what shall we render now,
  For deep and matchless love?
  Too weak are all the praise of earth,
  Too small the praise above.

WATERS OF SALVATION.

46   DYFRDWY. M. 4. [8s & 7s.]

M. 4.

O! deuwch i'r dyfroedd.

1 O DEWCH i'r dyfroedd, dyma 'r dydd,
   Yr Arglwydd sydd yn galw ;
   Tragwyddol ras yr Arglwdd Iôr
   Sydd fel y mor yn llanw.

2 Heb werth nac arian, dewch yn awr,
   Mae golud mawr trugaredd
   A'i wyneb ar yr euog rai—
   Maddeuant a'i ymgeledd.

3 O dewch ! a phrynwch win a llaeth,
   Mae yma faeth rhagorol :
   Cewch loew win heb aur na gwerth,
   Mae ynddo nerth tragwyddol.

4 Bwytewch ! mae 'r aberth wedi 'i ladd,
   Y ddeddf a gadd anrhydedd ;
   Ac i bechadur euog gwael,
   Mae modd i gael ymgeledd.
                    Amen.

8s & 7s.

Come to the Waters.

1 COME to the waters while you may,
   The Lord to-day is calling ;
   The grace of God's eternal love
   Is from above e'er flowing.

2 Take this grace without price or fee ;
   For truth this sea is boundless ;
   To all who pray in pain and grief,
   He 'll give relief that 's endless.

3 Oh, come now, buy ; here 's milk and
   This is divine salvation :   [wine ;
   Come to the feast now, angels say,
   In this day of redemption.

4 Come now, the sacrifice is slain ;
   Let all proclaim, we 're feasting
   On the Lamb of God ; feast for me ;
   Now I 'm free everlasting.
                    Amen.

TENDERNESS OF CHRIST.

47 ST. ALBAN'S. M. 4. [8s & 7s.]

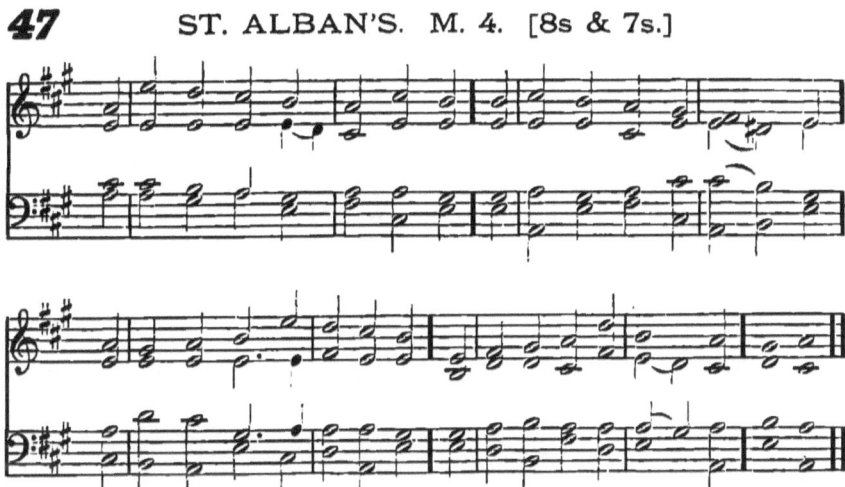

M. 4.
Archoffeiriad Mawr.

1 Coffâwn yn llawen, gyda pharch,
  Am ras ein Harchoffeiriad;
  Un yw o galon dyner iawn,
  A mynwes lawn o gariad.

2 Cyd-deimlo mae â'n natur wan,
  Fe ŵyr mor egwan ydyw;
  Gŵyr beth yw profedigaeth gref,
  Can's teimlodd Ef y cyfryw.

3 Ni ddiffydd lin yn mygu byth,
  Yn fflam fe 'i chwyth yn hytrach;
  Y gorsen ysig byth ni thyr—
  Y gwan fe 'i gyr yn gryfach.

4 Am hyny yn ei nerth a'i nawdd,
  Rhown ninau 'n hawdd ein hyder;
  Ac yna 'n gwared gawn bob tro,
  Mewn amser o gyfyngder.
                    Amen.

8s & 7s.
Tenderness of Jesus Christ.

1 Come, tell of Jesus and his grace
  To all the race, the story,
  His tender heart so full of love
  Moved Him above, in glory.

2 He'll succor to the humble give,
  The weak relieve from sorrow,
  For He himself hath suffered all
  At heaven's call to follow.

3 The tender weaken bending reed
  He will indeed now cherish;
  He will not quench the kindled flame,
  Nor look of shame extinguish.

4 Then in his hand I'll trust my case,
  And before his face abide;
  Yes, I from danger safe will be,
  He will for me now provide.
                    Amen.

THE LOVING SAVIOUR.

48 RHUTHYN. M. 4. [8s & 7s.]

M. 4.
Mae 'r Iesu 'n fyw.

1 MAE 'r Iesu 'n fyw, ni raid i ni
  Mwy ofni dyrnod angau,
Mae 'r Iesu 'n fyw, O Fedd p'le 'r
  Dy fuddugoliaeth dithau? [aeth

2 Mae 'r Iesu 'n fyw, 'd yw angau du
  Ond porth i deulu Seion,
I fyned drwyddo fry i'r wlad,
  Lle mae eu Ceidwad ffyddlon.

3 Mae 'r Iesu 'n fyw, mwy er ei fwyn
  Pob croes wnawn ddwyn yn siriol,
A chanmol wnawn yn mhob rhyw fan
  Ei gariad annghydmarol.

4 Mae 'r Iesu 'n fyw, i'w eiriau Ef
  Y mae 'r holl nef yn plygu;
Cawn fyned ato uwch y byd
  I ddedwydd gyd-deyrnasu.
                    Amen.

8s & 7s.
The Loving Saviour.

1 OUR Saviour lives, no longer now
  Canst thou, O death, appal us;
Our Saviour lives, and this we know,
  Thou, grave, canst not enthral us.

2 Our Saviour lives, henceforth is death
  But gate to life immortal; [breath
And this shall calm our trembling
  When we must pass its portal.

3 Our Saviour lives, for us He died,
  Alone to Jesus living,
All pure in heart may we abide,
  Praise to our Saviour giving.

4 Our Saviour, to Him the throne
  Above all power is given;
And we shall go where He has gone,
  And rest with Him in heaven.
                    Amen.

49 ST. CRISPIN. M. 5. [L. M.]

M. 5.

Mor hawddgar yw dy bebyll.

1 Mor hardd, mor deg, mor hyfryd yw
Dy babell sanctaidd di, O Dduw!
Mor loew y dysgleiria hi
Gan lewyrch dy wynebpryd di.

2 Rhagori mae ei chywrain waith
Ar holl balasau'r ddaear faith;
A'r nef a edrych oddi draw
Ar adail lân dy ddwyfol law.

3 Rho imi 'r fraint o'th wel'd ar frys,
O fewn dy lân fendigaid lys;
Prydferthwch mwya'th babell yw
Dy bresenoldeb di ein Duw.

4 Nef yw i'm henaid yn mhob man,
Pan brofwyf Iesu mawr yn rhan;
Ei weled Ef â golwg ffydd
Dry'r dywyll nos yn oleu ddydd.

5 Mwynhad o'i ras maddeuol mawr,
Blaen-brawf o'r nef yw yma'n awr;
A darllen f'enw ar ei fron
Sy' nefoedd ar y ddaear hon.

Amen.

L. M.

The Pleasures of Public Worship.

1 How pleasant, how divinely fair,
O Lord of hosts! Thy dwellings are!
With long desire my spirit faints,
To meet the assemblies of Thy saints.

2 My flesh would rest in Thine abode,
My panting heart cries out for God;
My God! my King! why should I be
So far from all my joys and Thee?

3 Blest are the saints that sit on high,
Around Thy throne of majesty;
Thy brightest glories shine above,
And all their work is praise and love.

4 Blest are the souls who find a place
Within the temple of Thy grace;
There they behold Thy gentler rays,
And seek Thy face, and learn Thy praise.

[strength,
5 Cheerful they walk with growing
Till all shall meet in heaven at length;
Till all before Thy face appear,
And join in nobler worship there.

Amen.

50 SESSIONS. M. S. [L. M.]

M. S.

Ffydd.

1 Y FYWIOL ffydd o'r nefoedd wen
Anturia 'n hyf at Grist ein Pen;
A'n dwyn i'r ddedwydd Nef a wna
Lle na bydd gorthrm byth na phla.

2 Hon rydd i mi bob bendith sydd
Yn angen arnaf nos a dydd;
Ymlida i fwrdd pob cysur gau
A chodi 'm serch i'r nefoedd mae.

3 Hi wna i'r galon guro 'n llon
Dan holl ofidiau 'r ddaear hon.
Rhydd i'r hiraethus gysur mad,
A hawl i'r plant i dy eu Tad.

4 O Dduw rho imi ffydd ddi-goll
I fyn'd yn mlae'n drwy 'm rhwystrau oll;
Y ffydd a'm dwg drwy 'r olaf awr
Yn fythol iach i'r Gwynfyd mawr.

L. M.

Faith.

1 FAITH is a living power from heaven,
Which grasps the promise God has giv'n;
Securely trust in Christ alone,
A trust that cannot be o'erthrown.

2 Faith finds in Christ whate'er we need
To save and strengthen, guide and feed;
Strong in his grace its joys to share
His cross, in hope his crown to wear.

3 Faith to the conscience whispers peace,
And bids the mourner's sighing cease;
By faith the children's right we claim,
And call upon our Father's name.

4 Such faith in us, O God, implant,
And to our prayers Thy favor grant;
In Jesus Christ, Thy saving Son,
Who is our fount of health alone.

KINGDOM OF CHRIST.

51   ARUNDEL. M. S. [L. M.]

M. S.

Teyrnasiad y Cyfryngwr.

1 Yr Iesu a deyrnasa 'n grwn,
   O godiad haul hyd fachlud hwn ;
   Ei deyrnas â o fôr hyd fôr,
   Tra byddo llewyrch haul a lloer.

2 Teyrnasoedd, pobloedd o bob iaith,
   I'w enw roddant foliant maith ;
   Babanod ieuainc, llesg eu llef,
   Yn foreu a'i clodforant Ef.

3 Lle y teyrnasa, bendith fydd—
   Y caeth a ddaw o'i rwymau 'n rhydd;
   Y blin gaiff fythol esmwythâd,
   A'r holl rai clwyfus iechyd rhad.

4 Rhoed pob creadur yn ddi-lyth,
   Ogonawl barch i'n Brenin byth ;
   Angylion, molwch Ef uwch ben,
   A'r ddaear d'weded byth, Amen.

L. M.

Christ's Kingdom among the Gentiles.

1 Jesus shall reign where'er the sun
   Does his successive journeys run ;
   His kingdom stretch from shore to shore,
   Till moons shall wax and wane no more.

2 For Him shall endless prayer be made,
   And endless praises crown his head ;
   His name, like sweet perfume, shall rise
   With every morning sacrifice.

3 People and realms, of every tongue,
   Dwell on his love with sweetest song ;
   And infant voices shall proclaim
   Their early blessings on his name.

4 Blessings abound where'er He reigns ;
   The prisoner leaps to lose his chains ;
   The weary find eternal rest,
   And all the sons of want are blest.

FELLOWSHIP WITH CHRIST.

52 BRITISH. M. 5. [L. M.]

M. 5.
Cymdeithas a Crist.

1 O Iesu mawr, y meddyg gwell,
  Gobaith yr holl ynysoedd pell ;
  Dysg fi i seinio maes dy glod,
  Mai digyfnewid wyt erioed.

2 Rho i mi wel'd mai ti yw'm hedd,
  A llwyr ddifyru ar dy wedd ;
  A chym'ryd gair dy enau i gyd,
  Yn unig bleser yn y byd.

3 Pâr fod dy ogoniant pur dilyth,
  Yn nôd a dyben i mi byth ;
  Dy fywyd hardd, a'th eiriau gwir,
  Yn wastad i mi'n rheol bur.

4 O hoelia'm meddwl ddydd a nos,
  Crwydredig, wrth dy nefol groes ;
  A phlana'm ysbryd yn y tir,
  Sy'n llifo o lawenydd pur.

5 Nid yw pleserau pena'r byd,
  Yn deilwng o fy serch a'm mryd ;
  Un wên o eiddo Mhrynwr cu,
  Sydd ganmil gwell na'r rhai'n yn llu.

L. M.
Fellowship with Christ.

1 Jesus, Redeemer of my soul,
  On Thee depend the nation's all ;
  Teach me to sing aloud Thy praise,
  For Thou art changeless in Thy ways.

2 Oh, let me feel the peace of love,
  And set my heart on things above ;
  And may Thy word, while here I stay,
  Be to my soul a light of day.

3 May I Thy glory now pursue
  As my best work and object, too ;
  Thy holy life, Thy words so sweet,
  Shall be the rule to guide my feet.

4 Beneath Thy wondrous cross, oh, may
  My anxious soul dwell night and day,
  Breathing the air of that divine, [wine.
  Bright land which flows with milk and

5 Our highest joy is mixed with strife
  Unworthy of our higher life ;
  But Jesus is our all in all,
  The choicest treasure of our soul.

53 ST. OLAVES. M. S. [L. M.]

M. S.

Deisyfiad y Pererin.

1 O DDYDD i ddydd, o awr i awr,
'Rwy'n nesu i'r tragwyddolfyd mawr;
Ac yno byddaf cyn bo hir,
O! am gael etifeddu'r gwir.

2 O groes i groes, o dòn i dòn,
Ymadaw wnaf a'r fuchedd hon;
Yn fuan af i byrth y bedd,
O! am gyrhaeddyd gwlad yr hedd.

3 O nerth i nerth, o daith i daith,
Ymlwybraf trwy'r anialwch maith;
Nid yw'r Iorddonen ddim yn mhell,
O! am gyrhaeddyd gwlad sydd well.

4 Y dydd, y groes, y don, a'r awr
Am dwg ir trag wyddol fyd maur
Le nad noes paen, na marw muy
Ond canu byth am farwol glwy.

L. M.

The Pilgrim.

1 FROM day to day, from hour to hour,
I come, O Jesus, by Thy power,
To Thee and my eternal home,
Where love and joy will banish gloom.

2 From cross to cross, from wave to wave,
All pain and woe behind I leave,
To gain the everlasting spring,
At Thy right hand to praise and sing.
[to space,

3 From strength to strength, from space
I come, depending on Thy grace;
I soon shall at the Jordan stand,
And weep for joy to see the land.
[wave,

4 Each day, each hour, each cross, and
Will bring me soon beyond the grave;
Where days, nor hours, nor woe, nor
Can never touch my soul again. [pain,

NO NIGHT.

54   EISENACH. M. S. [L. M.]

M. S.

Ni bydd nos yno.

1 O Dduw! 'R hwn wnai dy drigfa bur
   Fry, fry'n y tanbaid oleu clir;
   O'th flaen y cuddia engyl gwawl
   Eu gwyneb, ac y dyrchant fawl.

2 Dros enyd aros raid i ni
   Yn niwl a llygredd daear ddu;
   Ond bythol ddydd yn fuan ddaw
   I yru 'r nos-gysgodion draw.

3 Oblegid yn dy santaid Air
   Addewir in' oleuddydd claer;
   Dydd nad yw goleu haul y nef
   Ond cysgod gwan o hono ef.

4 Ah! dydd y dyddian oll! mor hir
   Y mae cyn dod a'i heulwen glir;
   Rhaid gorphen gwaith yr einioes hon
   Cyn cael mwynhau ei wenau llon.

5 Ac yna fry uwch haul a ser
   Yr enaid atat hed. O Ner;
   I'th wel' d, i 'th garu, a'th fwynhau—
   Ei hyfryd waith byth i barhau.

6 O Dduw, par'toa 'n henaid gwan
   I gael o'th bur orfoledd ran;
   Yn ngwan oleuni bywyd, gâd
   In' gyrhaedd goleu'r nefol wlad.

L. M.

There shall be no Night there.

1 Great God, who hid from mortal sight
   Dost dwell in unapproachèd light,
   Before whose presence angels bow,
   With faces veiled, in homage low;

2 Awhile in darkness we remain,
   And round us yet are sin and pain;
   But soon the everlasting day
   Shall chase our shades of night away.

3 For Thou hast promised, gracious Lord,
   A day of gladness and reward;
   A day but faintly imaged here
   By brightest sun at noontide clear.

4 Too long, alas! it still delays;
   It lingers yet, that day of days;
   Our mortal strife and toil must cease
   Before we win its heavenly peace.

5 Then from its fleshly bonds set free,
   The soul shall fly, O God, to Thee;
   To see Thee, love Thee, and adore,
   Her blissful task for evermore.

6 Great Trinity, our hearts prepare,
   The fulness of Thy joy to share;
   Life's transient light may we improve,
   And gain eternal light above.

PRAYER FOR A REVIVAL.

55 ERNAN. M. S. [L. M.]

M. S.

Bywha dy waith.

1 BYWHA dy waith, O! Arglwydd mawr,
Dros holl derfynau'r ddaear lawr,
Trwy roi tywalltiad nerthol iawn
O'r Ysbryd Glan a'i ddwyfol ddawn.

2 Bywhâ dy waith o fewn ein tir,
Arddeliad mawr fo ar y gwir;
Mewn nerth y bo'r efengyl lawn
Er iachawdwriaeth llawer iawn.

3 Bywhâ dy waith o fewn dy Dŷ,
A gwna dy weision oll yn hy';
Gwisg hwynt â nerth yr Ysbryd Glan,
A'th air o'u mewn fo megys tân.

4 Bywhâ dy waith, O! Arglwydd mawr,
Yn ein calonau ninau'n awr;
Er marwhau pob pechod câs,
A chynydd i bob nefol ras.
     Amen.

L. M.

Prayer for a Revival.

1 GREAT Lord of all Thy churches! hear
Thy ministers' and people's prayer;
Perfumed by Thee, oh, may it rise
Like fragrant incense to the skies.

2 May every pastor, from above,
Be new inspired with zeal and love
To watch Thy flock, Thy flock to feed,
And sow with care the precious seed.

3 Revive Thy churches with Thy grace;
Heal all our breaches, grant us peace;
Rouse us from sloth, our hearts inflame
With ardent zeal for Jesus' name.

4 Thus we our suppliant voices raise,
And, weeping, sow the seed of praise;
In humble hope that Thou wilt hear
Thy ministers' and people's prayer.
     Amen.

SABBATH DAY.

56 PHILADELPHIA. M. S. [L. M.]

M. S.

N dy P Sabbath.

1 Hwn ydyw 'r dydd i ddynol ryw
I'w dreulio i foli 'r Ceidwad gwiw;
Y dydd i'w saint dros ddaear lawr
I gofio 'i adgyfodiad mawr.

2 I'w bobl addawodd Brenin Nef
Ran yn ei adgyfodiad Ef;
Ryw ddydd, o oer briddellau 'r bedd
Cânt adgyfodi ar ei wedd.

3 Y mae trysorau drud, di-ri'
Yn ei haeddianau Ef i ni;
Pob peth a wnaeth tra yn y byd
Ynt er ein llesiant ni i gyd.

4 Y goron aur tu draw i'r bedd,
Yr anfarwoldeb pur a'r hedd
Ynt eiddo Iesu, Brenin Nef,
A'n heiddo ninau ynddo Ef.

5 Am hyny, Iesu mawr, tydi
A haeddet gael ein moliant ni;
Heddyw ac yn dragwydol mwy
Ni ganwn am dy farwol glwy'.

L. M.

Sabbath Day.

1 Again the Lord's own day is here,
The day to Christian people dear,
As, week by week, it bids them tell
How Jesus rose from death and hell.

2 For by his flock their Lord declared
His resurrection should be shared;
And they who trust in Him to save
In Him are risen from the grave.

3 We, one and all, of Him possess'd
Are with exceeding treasures blest;
For all He did, and all He bare,
He gives us as our own to share.

4 Eternal glory, rest on high,
A blessèd immortality,
True peace and gladness, and a throne
Are all his gifts, and all our own.

5 And therefore unto Thee we sing,
O Lord of Peace, Eternal King;
Thy love we praise, Thy Name adore,
Both on this day and evermore.

MORNING HYMN.

57   SAMSON. M. 8. [L. M.]

M. 8.
Emyn Foreuol.

1 O F' enaid! deffro, cân yn awr,
Fel adar achub flaen y wawr;
Os mawl sy 'n perthyn iddynt hwy,
Perthyna i mi fil miloedd mwy.

2 Fy nyled fawr feunyddiol yw
Talu ufuddaf glod i'm Duw;
Tra 'n byw 'n y byd y byddaf fi,
Gweddi a mawl sy 'n gweddu i mi.

3 Fy Mhrynwr yw, mae 'n haeddu cael
Y blaenffrwyth o'm gwasanaeth gwael;
Am drugareddau rhad heb ri',
Gweddi a mawl sy 'n gweddu i mi.

4 Beth os yw poen a chroesau 'r byd,
Fel ton ar don yn curo o hyd;
Er maint fy mlinder a fy nghri,
Gweddi a mawl sy 'n gweddu i mi.

5 I Dad y trugareddau i gyd,
Rhown foliant, holl drigolion byd;
Llu 'r nef, molienwch Ef ar gân,
Y Tad, a'r Mab, a'r Ysbryd Glân.

L. M.
Morning Hymn.

1 AWAKE, my soul, awake and sing,
Before the birds are on the wing;
If they to praise their Maker go,
From us a stream of praise should flow.

2 'T is my duty, each day I live,
To train the heart in love to give;
While on the earth I am to be,
Prayer and praise, O God, to thee.

3 My Redeemer deserves it all,
Choicest offerings of my soul;
For all these mercies great and free,
Prayer and praise becometh me.

4 Should pain and crosses come to me,
Like heaving waves on stormy sea;
And if through gloom my path must be,
Prayer and praise becometh me.

5 Praise God, from whom all blessings flow;
Praise Him, all creatures here below;
Praise Him above, ye heavenly host;
Praise Father, Son, and Holy Ghost.

THE CRUCIFIXION.

58 ST. CROSS. M. S. [L. M.]

M. S.

Groeshoeliasant Ef.

1 O DEWCH, galarwch gyda mi ;
  O blaid y Ceidwad byddwn mwy ;
  O dewch, gollyngwn ddagrau 'n lli' ;
    Yr Iesu groeshoeliasant hwy.

2 Ai nid yw'n dagrau 'n ffrydlif gref,
    Tra'n gwel'd yr Iuddew'n gwawdio'i
  Mor dawel dyodefa ef ;   [glwy'?
    Yr Iesu groeshoeliasant hwy.

3 Ei draed a'i dwylaw rwyga'r dur ;
    Ei ingol syched a'n fwy, fwy ;
  Mewn gwaed ymsudda 'i lygaid pur ;
    Yr Iesu groeshoeliasant hwy.

4 O'i enau geiriau cariad ddaeth ;
    Dros ei elyniou digllawn, drwy
  Y tywyll oriau, eiriol wnaeth ;
    Yr Iesu groeshoeliasant hwy.

5 O cydeisteddwn dan ei groes,
    Fel bo i'r gwaed o'i farwol glwy'
  Ddefnynu arnom drwy ein hoes ;
    Yr Iesu groeshoeliasant hwy.

6 O Dduw, rho ini ysbryd briw,
    A chalon wedi ei hollti 'n dwy ;
  Fel gallom garu 'r Iesu gwiw,
    Yr hwn a groeshoeliasant hwy.
                           Amen.

L. M.

They Crucified Him.

1 O COME and mourn with me awhile ;
  O come ye to the Saviour's side ;
  O come, together let us mourn ;
    Jesus, our Lord, is crucified.

2 Have we no tears to shed for Him,
    While soldiers scoff and Jews deride?
  Ah ! look how patiently He hangs ;
    Jesus, our Lord, is crucified.

3 How fast his hands and feet are nailed ;
    His throat with parching thirst is dried ;
  His failing eyes are dimmed with blood ;
    Jesus, our Lord, is crucified.

4 Seven times He spake, seven words of
                                  love ;
  And all three hours his silence cried
  For mercy on the souls of men ;
    Jesus, our Lord, is crucified.

5 Come, let us stand beneath the Cross ;
    So may the blood from out his side
  Fall gently on us drop by drop ;
    Jesus, our Lord, is crucified.

6 A broken heart, a fount of tears
    Ask, and they will not be denied ;
  Lord Jesus, may we love and weep,
    Since Thou for us art crucified.
                           Amen.

THE SABBATH.

59 GILEAD. M. 5. [L. M.]

M. 5.

Y Sabbath.

1 GWAITH hyfryd iawn a melus yw,
Molianu'th enw di, O Dduw;
Son am dy gariad foreu glas,
A'r nos am wironeddau'th ras.

2 Y Sabbath hyfryd wyl yw hon,
No flined gofal byd fy mron;
Ond boed fy nghalon I mewn hwyl,
Fel telyn Dafydd ar yr wyl.

3 Yn Nuw fy nghalon lawenha,
Bendithio'i waith a'i air a wna;
Mor hardd yw gwaith dy ras, O Dduw,
A'th gynghor, pa mor ddyfned yw!

4 Ar fyr caf ogoneddus ran,
Pan buro gras fy enaid gwan;
Fy holl elynion, lleddir hwy,
A'm heddwch ni thyr Satan mwy.
Amen.

L. M.

The Sabbath.

1 SWEET is the work, my God, my King,
To praise Thy name, give thanks, and sing;
To show Thy love by morning light,
And talk of all Thy truth at night.

2 Sweet is the day of sacred rest,
No mortal care shall seize my breast;
O may my heart in tune be found,
Like David's harp of solemn sound.

3 My heart shall triumph in my Lord,
And bless his work, and bless his word;
Thy works of grace, how bright they shine,
How deep Thy counsels, how divine!

4 Soon I shall share a glorious part,
When grace hath well refin'd my heart;
My inward foes shall all be slain,
Nor Satan break my peace again.
Amen.

PRAISE.

60 GOTHA. M. S. [L. M.]

M. S.

Mawl iddo.

1 I GREWR santaidd yr holl fyd,
Rhoed dynolryw y mawl yn nghyd;
Pob perchen llais derchafed lef,
Mewn cân lesmeiriol iddo ef.

2 Y ddaear hon a'r nefoedd fry,
Preswylfeydd miloedd fwy na rhi',
Beth y'nt ond temlau eang iawn,
I foli'r Crewr mawr yn llawn.

3 Yr haul y dydd, trwy yrfa faith,
Fynega'i foliant yn mhob iaith;
Pan gilio'r haul, y lloer a'r ser
Trwy'r nos gynaliant glodydd Ner.

4 Mellt a tharanau, awdwyr braw,
Y cenllysg oer, y gwynt a'r gwlaw,
A phob creadur yn ei ryw,
Sy'n d'weyd mai doeth a da yw Duw.

5 O! f'enaid deffro di i'r gwaith,
O ganmol mewn amgenach iaith,
Ti gefaist ddawn na chawsant hwy,
Defnyddia ef mewn clodydd mwy.

Amen.

L. M.

Praise to Him.

1 To God the universal King,
Let all mankind their tribute bring;
All that have breath, your voices raise,
In songs of never-ceasing praise.

2 The spacious earth on which we tread,
And wider heavens stretch'd o'er our
A large and solemn temple frame [head,
To celebrate its Builder's fame.

3 Here the bright sun, that rules the day,
As thro' the sky he makes his way,
To all the world proclaims aloud
The boundless sov'reignty of God.

4 When from his courts the sun retires,
And with the day his voice expires,
The moon and stars adopt the song,
And thro' the night the praise prolong.

5 But man endowed with nobler powers,
His God in nobler strains adores;
His is the gift to know the song,
As well as sing with tuneful tongue.

Amen.

PRAISE.

61   YR HEN CANFED. M. S. [L. M.]

M. S.

Mawl.

1 GER bron gorseddfa'r Arglwydd mawr,
Ymgrymwch holl genedloedd llawr;
Gwybyddwch mai efe sydd Dduw,
Efe all ladd neu gadw'n fyw.

2 Ei allu mawr diderfyn yw,
Fe'n gwnaeth o bridd yn ddynion byw;
Ac er in' grwydro yn mhell mewn byd,
Fe'n dygodd 'nol i'w gorlan glyd.

3 Yn dorf ni dde'wn i'th dŷ a chân,
Derchafwn fawl i'r nefoedd lân;
Rhoir llon'd dy byrth gan filoedd maith,
O glod didrai, mewn seinfawr iaith.

4 Lled byd yw dy orchymyn drud,
Dy serch tra'gwyddol yw ei hyd;
A'th air a saif fel craig o hyd,
Pan dreiglo ffordd flynyddau'r byd.
                Amen.

L. M.

Praise.

1 BEFORE Jehovah's awful throne,
Ye nations bow with sacred joy,
Know that the Lord is God alone,
He can create and He destroy.

2 His sovereign power, without our aid,
Made us of clay, and formed us men;
And when like wandering sheep we stray'd,
He brought us to his fold again.

3 We'll crowd Thy gates with thankful songs,
High as the heavens our voices raise;
And earth with her ten thousand tongues
Shall fill Thy courts with sounding praise.

4 Wide as the world is Thy command,
Vast as eternity Thy love;
Firm as a rock Thy truth shall stand,
When rolling years shall cease to move.
                Amen.

THE ASCENSION.

62   DUKE STREET. M. S. [L. M.]

M. S.

Esgyniad Crist.

1 I'R lan o'r bedd ein Harglwydd ddaeth,
  Esgynodd fry tu fewn i'r llen,
  Galluoedd uffern ddyg yn gaeth
  Trwy'r awyr las hyd entrych nen.

2 O flaen ei gerbyd dysglaer Ef
  Bloeddiai angelion ar bob llaw,
  Codwch eich penau, byrth y nef;
  Chwi ddrysau oesol, ciliwch draw.

3 Yn llydan gwnewch y ffordd yn rhydd,
  A throwch yn ol chwi folltau'r gwawl;
  Gwiw Frenin y gogoniant sydd
  Yn dod i fewn—mae ganddo hawl.

4 Pwy ydyw'r Brenin nefol? Pwy?
  Gorchfygwr uffern fawr a'r bedd,
  Yr hwn ddyoddefodd farwol glwy';
  Ei enw ydyw Brenin hedd.

5 Codwch eich penau, nefol byrth;
  Ddrysau trag'wyddol, rhoddwch le;
  A'i gadarn fraich gwnaeth nefol wyrth;
  Brenin gogoniant yw efe.

L. M.

The Ascension of Christ.

1 OUR Lord is risen from the dead,
  Our Jesus is gone up on high;
  The powers of hell are captive led,
  Dragged to the portals of the sky.

2 There his triumphal chariot waits,
  And angels chant the solemn lay:
  Lift up your heads, ye heavenly gates!
  Ye everlasting doors give way!

3 Loose all your bars of massy light,
  And wide unfold the ethereal scene;
  He claims these mansions as his right,
  Receive the King of glory in.

4 Who is the King of glory, who?
  The Lord that all our foes o'ercame,
  The world, sin, death, and hell o'erthrew,
  And Jesus is the conqueror's name.

5 Lo! his triumphal chariot waits,
  And angels chant the solemn lay:
  Lift up your heads, ye heavenly gates!
  Ye everlasting doors give way!

THE SABBATH.

63   LEIPSIC. M. S. [L. M.]

M. S.

Y Sabbath.

1 GWAITH hyfryd iawn a melus yw,
   Molianu'th enw di, O Dduw;
   Son am dy gariad foreu glas,
   A'r nos am wironeddau'th ras.

2 Y Sabbath hyfryd wyl yw hon,
   No flined gofal byd fy mron;
   Ond boed fy nghalon I mewn hwyl,
   Fel telyn Dafydd ar yr wyl.

3 Yn Nuw fy nghalon lawenha,
   Bendithio'i waith a'i air a wna;
   Mor hardd yw gwaith dy ras, O Dduw,
   A'th gyughor, pa mor ddyfned yw!

4 Ar fyr caf ogoneddus ran,
   Pan buro gras fy enaid gwan;
   Fy holl elynion, lleddir hwy,
   A'm heddwch ni thyr Satan mwy.
                   Amen.

L. M.

The Sabbath.

1 SWEET is the work, my God, my King,
   To praise Thy name, give thanks, and sing;
   To show Thy love by morning light,
   And talk of all Thy truth at night.

2 Sweet is the day of sacred rest,
   No mortal care shall seize my breast;
   Oh, may my heart in tune be found,
   Like David's harp of solemn sound.

3 My heart shall triumph in my Lord,
   And bless his work, and bless his word;
   Thy works of grace, how bright they shine,
   How deep Thy counsels, how divine!

4 Soon I shall share a glorious part,
   When grace hath well refin'd my heart;
   My inward foes shall all be slain,
   Nor Satan break my peace again.
                   Amen.

REIGN OF CHRIST.

64 ANGELS' HYMN. M. S. [L. M.]

M. S.

Teyrnasiad y Gwaredwr.

1 Yr Iesu a deyrnasa'n grwn,
O godiad haul hyd fachlud hwn;
Ei deyrnas â o fôr hyd fôr,
Tra byddo llewyrch haul a llo'r.

2 Teyrnasoedd, pobloedd, o bob iaith,
I'w gariad rhoddant foliant maith;
Babanod ieuainc llesg eu llef,
Yn foreu a'u clodforant Ef.

3 Lle y teyrnasa, bendith fydd;
Y caeth a naid o'i rwymau'n rhydd;
Y blin gaiff fythol esmwythâd,
A'r holl rai clwyfus iechyd rhad.

4 Rho'ed pob creadur yn ddilyth,
Neillduol barch i'n Brenin byth;
Angelion molwch Ef uwch ben,
A'r ddaear d'weded byth Amen.

Amen.

L. M.

The Saviour's Reign.

1 Jesus shall reign where'er the sun
Does his successive journeys run;
His kingdom stretch from shore to shore,
Till moons shall wax and wane no more.

2 People and realms of every tongue
Dwell on his love with sweetest song;
And infant voices shall proclaim
Their early blessings on his name.

3 Blessings abound where'er He reigns,
The prisoner leaps to loose his chains;
The weary find eternal rest,
And all the sons of want are blessed.

4 Let every creature rise and bring
Peculiar honors to our King,
Angels descend with songs again,
And earth repeat the loud Amen.

Amen.

BACKSLIDER RETURNED.

65   WINCHESTER. M. S. [L. M.]

M. S.

Dychweliad y gwrthgiliwr.

1 Pwy draetha'r fath lawenydd sy'
Trwy holl gynteddau'r nefoedd fry,
Pan ddel afradlon tua thref—
Pan aner un etifedd nef!

2 Boddloni'n llawen y mae'r Tad,
'Wel'd ffrwyth ei fythol gariad rhad;
Y Mab yn llon a edrych lawr
Ar werth ei ddyoddefaint mawr.

3 A hoffi gwel'd' mae Ysbryd Duw
Yr enaid marw wnaeth e'n fyw;
A'r saint a'r holl angelion glân,
Am gynydd teyrnas Duw a gân.

4 I Dad y trugareddau i gyd,
Rhown foliant, holl drigolion byd;
Llu 'r nef, molienwch Ef ar gân,
Y Tad, a'r Mab, a'r Ysbryd Glân.
                        Amen.

L. M.

Backslider Returned.

1 Who can describe the joys that rise
Through all the courts of Paradise,
To see a prodigal return,
To see an heir of glory born?

2 With joy the Father doth approve
The fruit of his eternal love;
The Son with joy looks down and sees
The purchase of his agonies.

3 The Spirit takes delight to view
The holy soul He formed anew;
And saints and angels join to sing
The growing empire of their King.

4 Praise God, from whom all blessings flow!
Praise Him, all creatures here below!
Praise Him above, ye heavenly host!
Praise Father, Son, and Holy Ghost
                        Amen.

THE SINNER'S FRIEND.

66   BOSTON. M. S. [L. M.]

M. S.

Yr Iesu yn llawn.

1 Wrth droi fy ngolwg yma i lawr,
   I gyrau 'r greadigaeth fawr,
   Gwrthddrych ni wel fy enaid gwan,
   Ond Iesu i bwyso arno 'n rhan.

2 Dyma gyfarfod hyfryd iawn,
   Myfi yn llwm, a'r Iesu 'n llawn:
   Myfi yn dlawd heb feddu dim,
   A'r Iesu 'n rhoddi pob peth im'.

3 Anturia 'n mlaen fy enaid cu
   At orsedd Iesu, er mor ddu;
   Mae 'r ffordd yn rhydd, a'r rhodd yn rhad,
   I bawb a gredant yn y gwaed.

4 Mae gras yn rhyw anfeidrol 'stôr,
   A doniau ynot fel y môr;
   O! gad i'r truenusaf ddyn,
   Gael profi gronyn bach o'u rhin.

5 'Does arnaf eisiau yn y byd,
   Ond golwg ar dy haeddiant drud;
   A chael rhyw brawf o'th nefol rîn,
   I 'madaw 'n lan a mi fy hun.
               Amen.

L. M.

Friend of Sinners.

1 Behold! a Stranger's at the door!
   He gently knocks, has knocked before,
   Has waited long, is waiting still;
   You treat no other friend so ill.

2 But will He prove a friend indeed?
   He will, the very friend you need;
   The Man of Nazareth, 't is He,
   With garments dyed on Calvary.

3 Oh, lovely attitude! He stands
   With melting heart and laden hands!
   Oh, matchless kindness! and He shows
   This matchless kindness to his foes!

4 Rise, touched with gratitude divine,
   Turn out his enemy and thine,
   That soul-destroying monster, Sin,
   And let the Heavenly Stranger in.

5 Admit Him, ere his anger burn;
   His feet departed ne'er return;
   Admit Him, or the hour's at hand
   When at his door denied you'll stand.
               Amen.

GOD'S COMPASSION.

67 MAMRE. M. 8. [L. M.]

M. 8.
Y Cartref dedwydd.

1 Dy heddwch Ior, a gwel'd dy wedd,
   Yw 'm cysur mwyaf hyd y bedd;
   Ond gwell fydd im' gartrefu 'n llon,
   Yn Nef y nefoedd ger ei fron.

2 Os hyfryd yw mewn anial wlad,
   Gael trem o bell ar dŷ fy Nhad;
   Hyfrytach fydd yn llys y nef,
   Gymdeithas agos hoff âg Ef.

3 Os hoff yw bod o fewn dy dŷ,
   Mae pleser gwell yn d' eglwys fry;
   Cawn yma ddafnau melus iawn,
   Ond yno môr gorfoledd llawn.

4 Y gwasgaredig deulu 'n nghyd
   A dd'ont o gonglau pella 'n byd;
   Mor llon fydd cwrdd ar ben y daith,
   Tu draw holl groesau'r anial maith.

5 Cawn yno drigo yn gytun,
   Yn nghwmni'r dwyfol Dri yn un;
   A gwir fwynhau y Nefol wledd,
   Heb ddim i dori ar ein hedd.
          Amen.

L. M.
The Abounding Compassion of God.

1 THE Lord, how wondrous are his ways!
   How firm his truth, how large his grace!
   He takes his mercy for his throne,
   And thence He makes his glories known.

2 Not half so high his power hath spread
   The starry heavens above our head,
   As his rich love exceeds our praise,
   Exceeds the highest hopes we raise.

3 Not half so far hath nature placed
   The rising morning from the west,
   As his forgiving grace removes
   The daily guilt of those He loves.

4 How slowly doth his wrath arise!
   On swifter wings salvation flies;
   And if He lets his anger burn,
   How soon his frowns to pity turn!

5 Amid his wrath compassion shines;
   His strokes are lighter than our sins;
   And while his rod corrects his saints,
   His ear indulges their complaints.
          Amen.

SALVATION.

68   CONSTANCE. M. S. [L. M.]

M. S.

Iachawdwriaeth yr Efengyl.

1 Yr iachawdwriaeth fawr yn Nghrist,
Sŵn melus hyfryd yw i'm clust;
Balm cryf i'm clwyfau o bob rhyw,
A chordial i'm rhag ofnau yw.

2 Mewn bedd o bechod gorwedd bu
Ein henaid wrth ddrws uffern ddu;
Ond codi 'r y'm trwy ras ein Duw,
I weled nefol ddydd a byw.

3 Aed sŵn yr iachawdwriaeth fawr
O amgylch ogylch daear lawr;
A boed i'r nef a'i lluoedd llon
Gyfodi eu lleff i seinio hon.

L. M.

Salvation.

1 Salvation!—oh, the joyful sound!
Oh, this is pleasure to our ears;
A sovereign balm for every wound,
A cordial, here, for all our fears.

2 Buried in sorrow and in sin,
At hell's dark, horrid door we lay;
But we arise by grace divine,
To see a new-born, heavenly day.

3 Salvation!—let the echo fly
The sinful, spacious earth around;
While all the armies of the sky
Will now conspire to raise the sound.

DOXOLOGY.

I Dad y trugareddau i gyd,
Rhown foliant, holl drigolion byd;
Llu 'r nef, molienwch Ef ar gân,
Y Tad, a'r Mab, a'r Ysbryd Glân.
                Amen.

Praise God, from whom all blessings flow;
Praise Him, all creatures here below;
Praise Him above, ye heavenly host;
Praise Father, Son, and Holy Ghost.
                Amen.

HEAVEN.

69 WAREHAM. M. 5. [L. M.]

M. 5.
Y wlad well.

1 Mae gwlad o wynfyd pur heb haint,
 Byth yno y teyrnasa 'r saint ;
 Lle nad oes tywyll nos, ond dydd,
 A phleser heb ddim blinder sydd.

2 Mae yno yn dragwyddol hâf,
 Ni wywa byth ei blodau braf ;
 Ond angeu megys môr y sy
 Rhyngom a'r wlad nefolaidd fry.

3 Yr ochr draw i angeu a'r bedd,
 Mae meusydd gwyrddion hardd eu gwedd ;
 I Israel felly Canaan fu,
 I'w gwel'd tu draw 'r Iorddonen ddu.

4 O am gael ffydd i ymlid ffwrdd
 Y cul amheuon sy 'n ein cwrdd ;
 Fel gallom wel'd, â golwg clir,
 Drigfanau dedwydd Canaan dir.
                                Amen.

L. M.
Heaven.

1 There is a land of pure delight,
  Where happy saints immortal reign ;
  Infinite day excludes the night,
  And lasting pleasures banish pain.

2 There everlasting spring abides,
  And never, never with'ring flowers ;
  Death, like a narrow sea, divides
  This happy, heav'nly land from ours.

3 Sweet fields beyond the swelling flood
  Stand dressed in ever-living green ;
  So to the Jews old Canaan stood,
  While the deep Jordan roll'd between.

4 Oh, could we make our doubts remove,
  Those very gloomy doubts that rise,
  And see the Canaan that we love,
  With whole and unbeclouded eyes.
                                Amen.

IT IS FINISHED.

70 STIRLING. M. 5. [L. M.]

M. 5.

Gorphenwyd.

1 GORPHENWYD! medd ein Iesu mawr,
A'i fywyd roes o'i fodd i lawr;
Gorphenwyd! do fe gaed y dydd,
Fe dalwyd Iawn, daw'r caeth yn rhydd.

2 Gorphenwyd cynghor Duw heb goll,
Y ddeddf a'r addewidion oll;
Cyflawnwyd y rhai hyn i gyd
Yn Iesu Prynwr mawr y byd.

3 Gorphenwyd! medd ei olaf lef
Y newydd ffordd o'n daear i'r Nef
Caiff miloedd o fyrddiynau mwy
Faddeuant rhad trwy farwol glwy'.

4 Gorphenwyd! medd y ddae'r a'r Nef,
Gorphenwyd inchawdwraeth gref;
Mae deddf a chariad yn gytun
Yn gwned eu trigfan gyda dyn.

5 Gorphenwyd! clywch y gair i gyd,
O hyfryd sain amgylcha'r byd;
Gorphenwyd! aed yr adsain lon
Trwy nef y nef, a'r ddaear gron.
Amen.

L. M.

'T is Finished.

1 'T IS finished; so the Saviour cried,
And meekly bowed his head and died:
'T is finished; yes, the work is done,
The battle fought, the victory won.

2 'T is finished: all that heaven decreed,
And all the ancient prophets said,
Is now fulfilled, as long designed,
In me, the Saviour of mankind.

3 'T is finished: this my dying groan
Shall sins of every kind atone:
Millions shall be redeemed from death,
By this, my last expiring breath.

4 'T is finished: heaven is reconciled,
And all the powers of darkness spoiled:
Peace, love, and happiness again
Return and dwell with sinful men.

5 'T is finished: let the joyful sound
Be heard through all the nations round:
'T is finished: let the echo fly
Through heaven and hell, through earth and sky.
Amen.

ALL IS WELL.

71   HURSLEY. M. S. [L. M.]

M. S.

Pob peth yn dda.

1 Yn awr mewn gorfoleddus gân,
Dyrchafa 'm llais i'm Harglwydd glân;
Yn nghyd â'i saint cydseinio wna',
Fy Iesu wnaeth bob peth yn dda.

2 Trwy demtasiynau maith diri',
Bu 'n gymhorth cryf i'm henaid i;
Tra byddwyf byw ei foli wna',
Fy Iesu wnaeth bob peth yn dda.

3 Er gwgu arnaf uffern fawr,
Yn nghyd â drygau maith y llawr;
Digon imi fydd gras fy Nuw,
Pob peth yn dda wnaeth Iesu gwiw.

4 Ac wrth fyn'd trwy 'r Iorddonen ddu,
Caf brofi hedd fy Mhrynwr cu;
Er chwyddo 'r tonau canu wna',
Fy Iesu wnaeth bob peth yn dda.

5 A phan gyrhaeddaf uwch y nen,
I blith cantorion nefoedd wen;
Uwch na seraphiaid seinio wna',
Fy Iesu wnaeth bob peth yn dda.
                Amen.

L. M.

Evening Song.

1 Sun of my soul, Thou Saviour dear,
It is not night if Thou be near;
Oh, may no earth-born cloud arise
To hide Thee from Thy servant's eyes!

2 When the soft dews of kindly sleep
My wearied eyelids gently steep,
Be my last thought, how sweet to rest
Forever on my Saviour's breast.

3 Abide with me from morn till eve,
For without Thee I cannot live;
Abide with me when night is nigh,
For without Thee I dare not die.

4 Oh, by Thine own sad burthen, borne
So meekly up the hill of scorn,
Teach Thou my soul her daily cross
To bear as Thine, nor count it loss.

5 If some poor wandering child of Thine
Have spurned to-day the voice divine,
Now, Lord, the gracious work begin;
Let him no more lie down in sin.
                Amen.

LEAVING US AN EXAMPLE.

72   ROCKINGHAM. M. S. [L. M.]

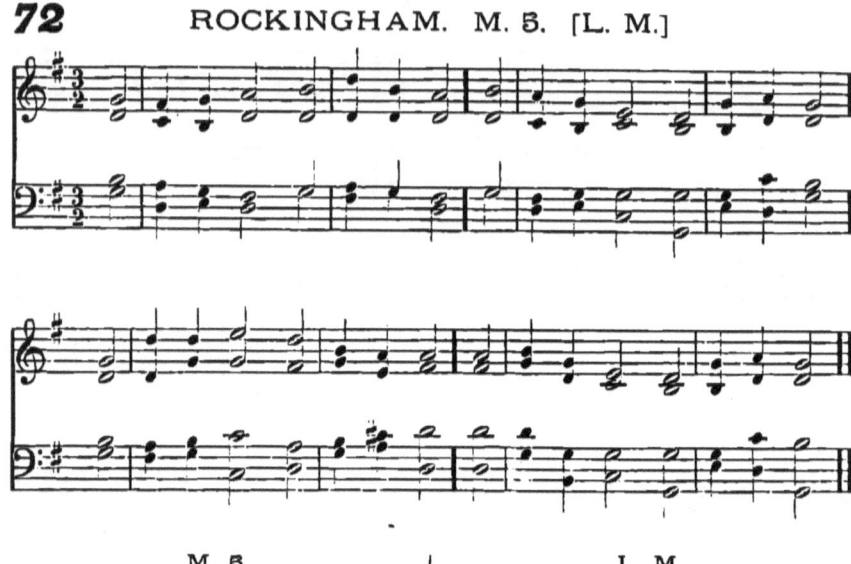

M. S.

Deuwch, ac addolwn.

1 O Arglwydd da, mor hyfryd yw
   Gwel'd torf i'th foli di yn fyw,
   Gan alw arnat yn dy dŷ,
   A dysgu 'r ffordd i'r Nefoedd fry.

2 O Dduw 'r tiriondeb, ar bob tro,
   Argraffa d' eiriau ar fy ngho' ;
   Fel na throseddwyf unrhyw bryd,
   Ond dysgu 'th garu 'n well o hyd.

3 Dyrchafer fy holl serch, a'm bryd,
   Uwchlaw i bethau gweigion byd :
   Dymunwyf 'nabob Brenin Nef,
   Rhodio a gorphwys gydag Ef.

4 Ei 'nabod ef yn well o hyd
   Tra yma 'n rhodio daear fyd ;
   Nes eyrhaedd uwch pob poen a gwae
   I'w fythol weled fel y mae.

L. M.

Leaving us an Example.

1 My dear Redeemer and my Lord,
   I read my duty in Thy word ;
   But in Thy life the law appears
   Drawn out in living characters.

2 Such was Thy truth, and such Thy zeal,
   Such deference to Thy Father's will,
   Such love, and meekness so divine,
   I would transcribe and make them mine.

3 Cold mountains and the midnight air
   Witnessed the fervor of Thy prayer :
   The desert Thy temptations knew,
   Thy conflict and Thy victory, too.

4 Be Thou my Pattern ; make me bear
   More of Thy gracious image here ;
   Then God, the Judge, shall own my name
   Among the followers of the Lamb.

CONSECRATION.

73 HAPPY DAY. M. 5. [L. M.]

M. 5.
O'r hapus awr.

1 O'R hapus awr dewisais di
   I mi'n Waredwr ac yn Dduw!
   Mewn nefol hwyl myn f'ysbrydi
   Dy ganmol bellach tra bwy'byw.
      Hapus awr, hapus awr,
      Maddeuodd Iesu 'meiau mawr.
      Mewn gweddi a mawl a gwylio mwy,
      Mi af yn mlaen yn nerth ei glwy'.

2 O ddedwydd rwymyn! seliwyd fi
   I'r hwn sy'n haeddu'm serch a'm can;
   Anthemau peraidd lanwo 'i dy
   Pan ddof gerbron ei allor lan.
      Hapus awr, etc.

3 Fe'i gwnaed, fe'i gwnaed—yr amod wnaed,
   Ei eiddo wyf, a'm Harglwydd yw;
   Fe'm denodd trwy ei gariad rhad,
   Ae iddo'n llwyr yr wyf am fyw.
      Hapus awr, etc.

4 Rhanedig fuost, galon wan;
   Ar Grist a'i angeu pwysa mwy;
   O'i gyfoeth daw pob peth i'th ran,
   Ei nefoedd lawn, heb boen na chlwy'.
      Hapus awr, etc.

L. M.
Consecration.

1 O HAPPY day, that stays my choice
   On Thee, my Saviour and my God!
   Well may this glowing heart rejoice,
   And tell its raptures all abroad.
      Happy day, happy day,
      When Jesus washed my sins away;
      He taught me how to watch and pray,
      And live rejoicing every day.

2 O happy bond that seals my vows
   To Him who merits all my love!
   Let cheerful anthems fill his house,
   While to that sacred shrine I move.
      Happy day, etc.

3 'Tis done; the great transaction's done;
   I am my Lord's, and He is mine;
   He drew me, and I followed on,
   Glad to obey the voice divine.
      Happy day, etc.

4 Now rest, my long-divided heart,
   Fixed on this blissful centre, rest;
   With ashes who would grudge to part,
   When called on angels' bread to feast?
      Happy day, etc.

74   CHARMOUTH. M. S. [L. M.]

M. S.

Crist yn bob peth.

1 Y Manna pur, y golofn dân,
   Yr Arch, a'r drugareddfa lân;
   Y dŵr o'r graig, i'w gael bob pryd,
   Fy Iesu ydyw 'r rhai 'n i gyd.

2 Yr wyf am ffoi i'r noddfa glyd,
   Sydd uwchlaw uffern fawr a'r byd;
   Tan gysgod y Cyfamod rhad,
   A seliwyd gynt â dwyfol waed.

3 Fel pan fo terfysg, cur, a gwae,
   A stormydd blinion yn cryfhau,
   Caiff f' enaid lechu uwchlaw poen,
   Yn mynwes bur yr addfwyn Oen.

4 Wel, dyma 'r lloches dawel iawn
   Gaiff fod fy noddfa fore a nawn,
   Heb un difyrwch îs y ne',
   Ond caru ac edrych arno Fe.

L. M.

Christ a Refuge.

1 The fiery cloud, the manna given,
   The ark, the mercy-seat from heaven,
   The waters from the rock that fall,
   These speak to me of Jesus, all.

2 Oh, I would to this refuge fly,
   Above the world and hell so high;
   Beneath the covenanted word,
   Oh, take and seal me with thy blood!

3 So when tumult, and pain, and woe,
   And wildest tempest come and go,
   My soul can hide from deluge wild,
   In this my refuge safe and mild.

4 This is a shelter calm and pure,
   Oh, make to me this refuge sure;
   Not one joy on this earthly ball,
   Give to me without Christ in all.

OUR PRESENT LIFE.

  MELCOMBE. M. S. [L. M.]

M. S.

Dydd gras a gobaith.

1 Mewn bywyd mae gwas'naethu Duw,
Dydd gras ac iachawdwriaeth yw;
Tra dalio'r lamp heb losgi i maes,
Yr adyn gwaethaf all gael gras.

2 Bywyd yw'r awr a roddes Ef
I ochel uffern, ffoi i'r nef;
Dydd yw gall pechaduriaid gwael
Fendithion i'w heneidiau gael.

3 Am hyny'r hyn sydd yn fy mryd,
Boed im ei wneyd â'm hegni i gyd;
Gan nad oes gweithred o un wedd,
Na ffydd no gobaith yn y bedd.

4 Trugaredd yn y bedd ni bydd
I'r hwn sydd yn dibrisio' i ddydd;
Ond angau a thywyllwch du
Drwy'r fangre yn teyrnasu sy.
                        Amen.

L. M.

Life the time to serve the Lord.

1 LIFE is the time to serve the Lord,
The time t' insure the great reward;
And while the lamp holds out to burn,
The vilest sinner may return.

2 Life is the hour that God has given
To 'scape from hell and fly to heaven;
The day of grace, and mortals may
Secure the blessings of the day.

3 Then what my thoughts design to do,
My hands with power and might pursue;
Since no device nor work is found,
Nor faith nor hope, beneath the ground.

4 There are no acts of pardon past
In the cold grave to which we haste;
But darkness, death, and long despair
Reign in eternal silence there.
                        Amen.

GOD'S NAME.

76   CANON. M. S. [L. M.]

M. S.

Duw yn ddaionus.

1 ORUCHEL Frenin nef a llawr,
Ardderchog yw dy enw mawr;
D' ogoniant drwy 'r holl ddaear aeth,
Ac uwch y nef dyrchafu wnaeth.

2 Fy ngolwg pan gyfodwyf draw,
I weled cywrain waith dy law;
Y lloer a'r sêr aneirif sy
Yn harddu cylch y wybren fry.

3 Pa beth yw dyn—abwydyn gwael!
I gael fath brâwf o'th gariad hael,
A thrugareddau fyrdd o'r nef,
O ryfedd fraint,—coronaist ef.

4 Dy hael ddaioni dirfawr di,
O Dduw y nef, a ddaw i ni;
Rhown ninau glod i'th enw glân,
A'th ddoniau cu a fydd ein cân.
           Amen.

L. M.

God's Name.

1 How excellent in all the earth,
O Lord, our Lord, is Thy great name!
How vast Thy claim above all wealth
Beyond, above, the starry frame.

2 When I behold Thy works on high,
The moon, the stars that rule the night,
The worlds that roll through ether sky,
And sun that floods the world with light,

3 Lord, what is man, or all his race,
Who dwells so far away from Thee,
That Thou shouldst bless him with Thy grace,
And bring him home from sin set free?

4 Thy love to me will ever flow,
O God, with blessings from above;
And we shall praise Thee here below,
And when we reach the land of love.
           Amen.

HIS LOVING-KINDNESS.

77   GRACE CHURCH. M. 5. [L. M.]

M. 5.
Ei Drugared ef.

1 O DEFFRO f'enaid, cân yn awr
 Yn llon i enw'th Geidwad mawr;
 Dyrchafa 'th lais hyd entrych nef,
 Mor rhad yw ei drugaredd ef!

2 Efe a'm gwelod yn fy mriw,
 A d'wedodd; 'yn dy waed bydd fyw';
 Llawn o dosturi oedd ei lef,
 Mor fawr yw ei drugaredd ef!

3 Pan gwyd y 'storm, pan ddua'r nen,
 Pan dora'r daran uwch fy mhen,
 Y mae i mi yn noddfa gref,
 Mor dda yw ei drugaredd ef!

4 I ben daw'm gyrfa yn y mân,
 Boed fy anadliad olaf, gwan,
 O ymchwydd yr Iorddonen gref,
 Yn foliant i'r drugaredd ef.

5 'Rol cyrhaedd o'm cadwynau 'n rhydd,
 I hyfryd diroedd gwlad y dydd,
 Mi ganaf nes dadseinia 'r Nef,
 Byth, byth am ei drugaredd ef.
  Amen.

L. M.
His Loving-Kindness.

1 AWAKE, my soul, to joyful lays,
 And sing thy great Redeemer's praise;
 He justly claims a song from thee;
 His loving-kindness, oh, how free!

2 He saw me ruin'd in the fall,
 Yet loved me, notwithstanding all;
 He saved me from my lost estate;
 His loving-kindness, oh, how great!

3 When trouble, like a gloomy cloud,
 Has gather'd thick, and thunder'd loud,
 He near my soul has always stood;
 His loving-kindness, oh, how good!

4 Often I feel my sinful heart
 Prone from my Saviour to depart,
 But though I oft have Him forgot,
 His loving-kindness changes not.

5 Soon shall I pass the gloomy vale,
 Soon all my mortal powers must fail;
 Oh, may my last expiring breath
 His loving-kindness sing in death!
  Amen.

PRAISE.

78 CONWY. M. 6. [6s & 8s.]

M. 6.
Mawl.

1 Jehofa'n Frenin sy,
   Mae'i orsedd yn y nef,
Goleuni a mawredd fry,
   Sy'n wisgoedd iddo Ef;
'I ogoniant mawr mor ddysglaer yw,
Ni all un dyn ei wel'd a byw.

2 Doethineb rhyfedd sy
   I'w chanfod yn ei waith;
Fe drecha uffern ddu,
   A'i holl amcanion maith;
Ei fraich a wna, mae hon yn gref,
Ei arfaeth a'i ewyllys Ef.

3 A blyg fath Frenin mawr
   O'i ogoneddus fri,
A rhoi ei enw lawr
   Yn Dduw a Thad i mi?
O! f'enaid, câr yr Arglwydd nef,
Rhyfedda byth ei gariad Ef.
              Amen.

6s & 8s.
Praise.

1 The Lord Jehovah reigns,
   His throne is built on high;
The garments He assumes
   Are light and majesty;
His glories shine with beams so bright,
No mortal eye can bear the sight.

2 Through all his ancient works
   Surprising wisdom shines,
Confounds the powers of hell,
   And breaks their curs'd designs;
Strong is his arm, and shall fulfil
His great decrees, his sov'reign will.

3 And can this mighty King
   Of glory condescend?
And will He write his name,
   "My Father and my Friend?"
I love his name, I love his word;
Join all my powers and praise the Lord.
              Amen.

THE JUBILEE.

79   CROFT'S. M. 6. [6s & 8s.]

M. 6.

Udgenwch yn Udgyrn.

1 UDGENWCH, weision Duw,
   Mewn udgorn melus mawr:
Gan ddwyn i ddynol ryw,
   Newyddion da yn awr,
Blwyddyn y jubili a ddaeth,
A rhyddid cu i'r enaid caeth.

2 Trowch, bechaduriaid trist,
   Wrth lais efengyl fwyn;
O'ch cytlwr caeth at Grist,
   Fe wrendy ef' eich cwyn;
Blwyddyn y jubili, &c.

3 Mae gwaredigaeth hael,
   Trwy rinwedd gwaed yr Oen,
I gaethion gweinion gwael,
   Sy'n byw mewn dirfawr boen;
Blwyddyn y jubili, &c.

4 Aed grym efengyl Crist
   Yn nerthol trwy bob gwlad;
Sain hyfryd gan bob clust,
   Fo'r iachawdwriaeth rad;
Blwyddyn y jubili, &c.   Amen.

6s & 8s.

Blow ye the Trumpet.

1 BLOW ye the trumpet, blow,
   The gladly solemn sound;
Let all the nations know,
   To earth's remotest bound,
The year of jubilee is come;
Return, ye ransom'd sinners, home.

2 Ye slaves of sin and hell,
   Your liberty receive;
And safe in Jesus dwell,
   And blest in Jesus live;
The year of jubilee, etc.

3 Jesus, our great High Priest,
   Has full atonement made;
Ye weary spirits, rest:
   Ye mournful souls, be glad;
The year of jubilee, etc.

4 The gospel trumpet hear,
   The news of pardoning grace;
Ye happy souls, draw near,
   Behold your Saviour's face;
The year of jubilee, etc.   Amen.

VICTORY OF THE SAINTS.

80 ADORATION. M. 6. [6s & 8s.]

M. 6.

Canu am oruchafiaeth.

1 FE gân 'tifeddion gras
  Yn beraidd maes o law,
Wrth weled boddi 'r Aipht,
  A hwythau 'r ochr draw:
Fy enaid, hed i ben y bryn,
I wel'd y gonewest ryfedd hyn.

2 Mae enw Calfari,
  Fu gynt yn w'radwydd mawr,
Yn ngolwg f' enaid cu
  Yn fwy na'r nef yn awr:
O, ddedwydd fryn, santeiddiaf le,
Dderbyniodd ddwyfol waed y ne'.

3 Am Iesu mawr ei ras
  Y mae caniadau 'r nef;
A'r anthem gyda blâs
  Sy'n myn'd i'w glustiau Ef:
Telynau aur sy'n cânu 'n un
Effeithiol gonewest Mab y dyn.
  Amen.

6s & 8s.

Conquest of the Saints.

1 THE heirs of grace shall sing,
  Melodious in that day,
When Egypt's mighty hosts
  Are banish'd all away;
Ascend the hill, my soul, and see
This great and glorious victory.

2 The name of Calvary,
  Once a place of shame,
It has, to-day, to me
  A glory in the name:
Oh, happy mount, the choicest given,
On thee was shed the blood of heaven.

3 Of Jesus and his grace
  Heaven is filled with song,
The anthems of the place,
  His name they all prolong:
The golden harps will join in one
To praise the victories of the Son.
  Amen.

JESUS MY ALL.

81 KEDRON. M. 6. [6s & 8s.]

M. 6.

Yr Iesu yn bob peth.

1 Fy Iesu yw fy Nuw,
    Fy noddfa gadarn gref;
  Ni fedd fy enaid gwan
    Ddim arall dan y nef;
  Mae Ef ei hun a'i angeu drud,
  Yn fwy na'r nef, yn fwy na'r byd.

2 O ffynon fawr ei rhîn
    Yn llawn o win a llaeth,
  Sydd yn ei haeddiant Ef,
    Agoryd nef a wnaeth;
  Dewch bawb yn nghyd, i wel'd y fraint
  A ga'dd y lleiaf un o'r saint.

3 Mae nymuniadau i gyd
    Yn cael boddlonrwydd llawn,
  A'm holl serchiadau 'nghyd
    Hyfrydwch nefol iawn,
  Pan brddwy'n gwel'd wrth oleu'r wawr
  Mai eiddo im' yw Iesu mawr.
              Amen.

6s & 8s.

Jesus my All.

1 My Jesus and my God,
    Who hanged upon the Cross,
  Is the true sacrifice,
    And refuge for the loss;
  And He, who life from death hath given,
  Is more to me than earth and heav'n.

2 He is a fountain pure,
    The only means of grace;
  A crown, a throne He'll give,
    And joy before his face.
  Oh, come, behold the treasures given
  Now to the poorest child of heaven.

3 To longing hearts He gives
    A full supply of grace,
  And now my soul receives
    The brightness of his face,
  When I behold by light of day
  That He is mine, the truth, the way.
              Amen.

THE HEAVENLY KING.

82 BEVERLEY. M. 6. [6s & 8s.]

M. 6.

Y Brenin a'i luoedd.

1 Mae 'r Brenin yn y blaen,
   'R ym ninau oll yn hy';
Ni saif na dŵr na thân
   O flaen fath arfog lu:
Ni awn, ni awn, tan gânu i'r lan,
Cawn fuddugoliaeth yn y man.

2 Ni welir un yn llesg
   Yn myddin Brenin nef,
Can 's derbyn maent o hyd
   O'i nerthoedd hyfryd Ef:
Ni gawn, ni gawn, y glovw win,
Melus ei ryw, santeiddiol rîn.

3 O fewn Caersalem lân
   Mi welaf fyrdd o saint,
Wedi diengu 'mlaen
   Tros fryniau mawr eu maint:
Dylynaf ol y dyrfa hon
Er dŵr a thân, er llif a thon.
           Amen.

6s & 8s.

The Heavenly King.

1 Our King is leading on,
   And we are strong and bold;
Why should we grieve and moan,
   While onward we are told?
We'll sing, we'll sing most joyfully,
For we shall gain the victory.

2 From here you have no cry;
   The armies of our King
Are blest with full supply,
   And thus they all can sing.
We'll sing, we'll sing most joyfully,
For we shall gain the victory.

3 On Sion's holy hill
   I see the hosts above,
Escaped from death and hell,
   To sing the song of love.
And thus they sing most joyfully,
Oh, now we've gained the victory.
           Amen.

IT IS FINISHED.

83 EDEYRNION. M. 7. [8s, 7s & 4.]

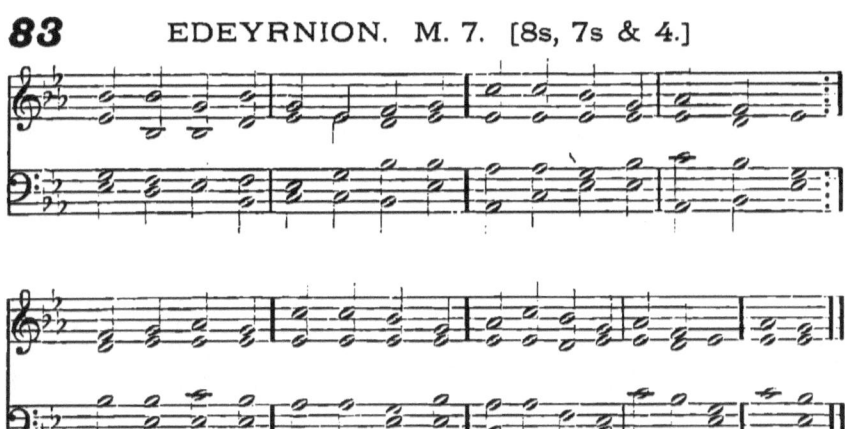

M. 7.

Gorphenwyd.

1 CLYWCH leferydd dwyfol gariad,
    Draw ar glogwyn Calfari;
  Rhwyga'r creigiau, cryna'r ddaear,
    Gwisga' r nen ei mantell ddu;
      Fe orphenwyd,
    Gwaeddai'r Iesu ar y groes.

2 O! 'r trysorau anchwiliadwy
    A gynwysir yn y gair;
  Môr diderfyn o fendithion,
    I dylodion ynddo geir!
      Fe orphenwyd,
    Ni bydd eisieu aberth mwy.

3 Adgyweirier pob rhyw delyn
    Trwy y ddaear faith a'r nef;
  Er cyd-daro'r anthem newydd,
    Heddyw a ddechreuodd ef;
      Fe orphenwyd,
    Dyma gân na dderfydd byth.
              Amen.

8s, 7s & 4.

It is Finished.

1 HARK! the voice of love and mercy
    Sounds aloud from Calvary;
  See, it rends the rocks asunder,
    Shakes the earth, and veils the sky!
      It is finish'd!
    Hear the dying Saviour cry.

2 It is finished! oh, what pleasure
    Do these charming words afford!
  Heavenly blessings, without measure
    Flow to us from Christ the Lord:
      It is finish'd!
    Saints, the dying words record.

3 Tune your harps anew, ye seraphs,
    Join to sing the pleasing theme;
  All in earth, and all in heaven,
    Join to praise Immanuel's name:
      It is finish'd!
    Glory to the bleeding Lamb!
              Amen.

WELCOME TO CHRIST.

84   SICILY. M. 7. [8s & 7s.]

M. 7.

Croesaw at Grist.

1 DEUWCH, bechaduriaid tlodion,
   Clwyfus, cleifion o bob rhyw;
   Iesu parod i'ch gwaredu,
   Llawn tosturi yw Mab Duw;
   Nac amheuwch,
   Cryf ac ewyllysgar yw.

2 Rai angenus, de'wch a'ch croesaw,
   I gael rhoddion Duw yn rhad;
   Cewch faddeuant a thangnefedd,
   A phob gras yn ddinacad;
   De'wch heb arian,
   Prynwch gan yr Iesu'n rhad.

3 Am gymhwysder na freuddwydiwch,
   Rhag ich' oedi yn rhy hir;
   Y cymhwysder oll mae'n geisio,
   Gwel'd eich eisieu o hono'n wir.
   Hyn mae 'n rhoddi,
   Rhan o oleu'r Ysbryd pur.

8s & 7s.

Welcome to Christ.

1 COME, ye sinners, poor and wretched,
   Weak and wounded, sick and sore;
   Jesus ready stands to save you,
   Full of pity join'd with power;
   He is able,
   He is willing, doubt no more.

2 Come, ye thirsty, come and welcome,
   God's free bounty glorify;
   True belief and true repentance,
   Every grace that brings us nigh;
   Without money,
   Come to Jesus Christ and buy.

3 Let not conscience make you linger,
   Nor of fitness fondly dream;
   All the fitness He requireth,
   Is to feel your need of Him:
   This He gives you,
   'T is his Spirit's rising beam.

PILGRIM'S PRAYER.

85   DIX. M. 7. [8s, 7s & 4.]

M. 7.

Ei ddymuniad.

1 ARGLWYDD, arwain trwy'r anialwch,
   Fi bererin gwael ei wedd ;
   Nid oes ynwyf nerth na bywyd
   Fel yn gorwedd yn y bedd;
     Hollalluog,
   Ydyw'r un a'm cwyd i'r lan.

2 Agor y ffynonau melus
   Sydd yn tarddu o'r graig i maes ;
   Hyd yr anial maith canlyned
   Afon iachawdwriaeth gras ;
   Rho i mi hyny,
   Dim i mi ond dy fwynhau.

3 Pan bwy'n myned trwy'r Iorddonen,
   Angeu creulon yn ei rym ;
   Ti ae'st trwyddi gynt dy hunan,
   Pa'm yr ofnaf bellach ddim?
     Buddugoliaeth,
   Gwna i mi waeddi yn y llif.
              Amen.

8s, 7s & 4.

His Prayer.

1 GUIDE me, O Thou great Jehovah !
   Pilgrim through this barren land ;
   I am weak, but Thou art mighty,
   Hold me with Thy powerful hand :
     Bread of heaven,
   Feed me till I want no more.

2 Open Thou the crystal fountain,
   Whence the healing streams do flow ;
   Let the fiery, cloudy pillar
   Lead me all my journey through :
     Strong Deliverer,
   Be Thou still my strength and shield.

3 When I tread the verge of Jordan,
   Bid my anxious fears subside ;
   Death of death and hell's destruction,
   Land me safe on Canaan's side :
     Songs of praises
   I will ever give to Thee.
              Amen.

EXPECTATION.

86   CATHERINE. M. 7. [8s, 7s & 4.]

M. 7.

Dysgwyliad.

1 Dysgwyl 'rwyf ar hyd yr hirnos,
   Dysgwyl am y boreu ddydd;
   Dysgwyl clywed pyrth yn agor,
    A'r cadwynau'n myn'd yn rhydd;
     O! na wawriai,
   Boreu hyfryd jubili.

2 Dysgwyl wnaf er hyn yn dawel,
   Ac mi greda'n gryf y daw,
   Eiddil gwan o'i holl flinderau,
    Yn ddiangol yn dy law;
     Mi ddysgwyliaf,
   Am yr hyfryd jubili.
           Amen.

8s, 7s & 4.

Expectation.

1 I am through the lone night waiting
   For the dawning of the day;
   When my prison-door is opened,
    When my fetters fall away;
     Oh, come quickly,
   Happy day of jubilee.

2 Let me still be meekly wakeful,
   Trusting that to all my woes,
   By Thy mighty hand, Redeemer,
    Shall be given a speedy close;
     Keep me watching
   For the joyful jubilee.
           Amen.

EXPECTATION.

87 TURIN. M. 7. [8s, 7s & 4.]

M. 7.
Dysgwyliad.

1 Dros y bryniau tywyll niwlog,
  Yn dawel, f'enaid, edrych draw;
  Addewidion sydd i esgor,
  Ar ryw foreu braf gerllaw;
    Nefol jubil,
  Gad im' wel'd y boreu wawr.

2 Doed yr Indiaid, doed Barbariaid,
  Doed Negroaid du yn llu;
  I ryfeddu'r ddwyfol gonewest,
  Unwaith gaed ar Galfari;
    Swn y frwydr,
  Dreiddio i gonglau pella'r byd.

3 Gwawria, gwawria hyfryd foreu,
  Ar ddiderfyn fagddu fawr;
  Nes bo bloedd yr euraidd udgorn
  Yn dadseinio'r nen a'r llawr;
    Holl derfynau,
  Tir Immanuel i gyd.

4 Hed fel mellten, bur efengyl,
  A gorchfyga oll yn lân;
  Bydded i'th gyffiniau eang
  Ymhelaethu fyth yn mla'n,
    A'th lywodraeth,
  Dros y moroedd mawr i gyd.
                          Amen.

8s, 7s & 4.
Expectation.

1 O'er the gloomy hills of darkness,
  Look, my soul, be still and gaze;
  All the promises do travail
  With a glorious day of grace;
    Blessed jubilee,
  May thy morning dawn apace.

2 Let the Indian, let the Negro,
  Let the rude Barbarian see
  That divine and Godlike conquest
  Once obtained on Calvary;
    Let the gospel
  Loud resound from pole to pole.

3 Kingdoms wide, that sit in darkness.
  Grant them, Lord, the saving light:
  And from eastern coast to western,
  May the morning chase the night;
    Pouring radiance,
  As if one day sevenfold bright.

4 Blessed Saviour, spread Thy gospel,
  Ride and conquer, never cease;
  May Thy wide, Thy vast dominions
  Multiply and still increase;
    Sway Thy sceptre,
  Saviour, all the world around.
                          Amen.

KINGDOM OF CHRIST.

88 PENIEL. M. 7. [8s, 7s & 4.]

M. 7.

Teyrnas Crist.

1 Duw, teyrnasa ar y ddaear,
  O'r gorllewin pell i'r de;
Cymer feddiant o'r ardaloedd
  Pellaf, t'wyllaf is y ne';
    Haul cyfiawnder,
Llanw'r ddaear fawr a'th ras.

2 Taened gweinidogion bywyd
  Iechydwriaeth Iesu ar led;
Cluded moroedd addewidion,
  Trosodd draw i'r rhai digred;
    Aed efengyl,
Ar adenydd dwyfol wynt.

3 Doed preswylwyr yr anialwch,
  Doed trigolion bro a bryn,
Doed y rhai sydd ar y cefnfor
  'Garu'r iachawdwriaeth hyn;
    Nes bo adsain
Moliant yn amgylchu'r byd.
            Amen.

8s, 7s & 4.

Christ's Kingdom.

1 O'ER the earth, in every nation,
  Reign, Jehovah, in each place;
Take all kingdoms in possession,
  Heathen darkness thence displace;
    Fill each people,
Sun of Righteousness, with grace.

2 Oh! ye heralds of salvation,
  Jesus' mercy far proclaim;
Bear, ye seas, the sacred mission,
  Till the pagan bless his name;
    Let the gospel
Fly on wings of heavenly flame.

3 Let all those in deserts dwelling,
  All on hills, in dales around,
Those who live 'midst oceans swelling,
  Jesus' glorious praises sound;
    Till the echo
Of his name the world surround.
            Amen.

THE DIGNITY OF JESUS.

89 VERONA. M. 7. [8s, 7s & 4s.]

M. 7.
Mawredd ac awdurdod y Gwareiwr.

1 IESU, Iesu, 'r wyt yn ddigon,
  Wyt yn llawer mwy na'r byd;
  Mwy trysorau sy'n dy enw
  Na thrysorau 'r India i gyd:
    Oll yn gyfan, &c.
  Ddaeth i'm meddiant gyda'm Duw.

2 Mae dy enw mor ardderchog,
  Fel yn ngrym y storom gref
  Llaesa'r gwyntoedd, llaesa'r tonau,
  Dim ond im' ei enwi Ef:
    Noddfa gadarn, &c.
  Yw yn eitha' grym y dŵr.

3 Rhyfedd, Arglwydd, yw'th drugaredd!
  Rhyfedd, Arglwydd, yw dy rym!
  Nid oes yn y nef na'r ddaear
  A all dy wrthsefyll ddim:
    Try 'r grë'digaeth, &c.
  Ol a gwrthol wrth dy air.
              Amen.

8s, 7s & 4.
"All Power is given to Me."

1 JESUS, Jesus, Thou art mighty,
  Thou art more than all to me;
  Earth, with all its shining treasures,
  Cannot be compared to Thee.
    Oh, what treasures, etc.,
  Do I find in Christ my God.

2 Oh, Thy name is so majestic,
  Waves and storms do Thee obey;
  All my clouds shall soon disappear
  When in Thy dear name I pray:
    My strong refuge, etc.,
  In the storms of life Thou art.

3 Oh, my God! how rich Thy mercy!
  Oh, the power of Thy grace!
  All the power of hell and heaven
  Will not stand before Thy face.
    All creation, etc.,
  Come and go at Thy command.
              Amen.

90 CAERSALEM. M. 7. [8s, 7s & 4.]

M. 7.

Wrth ymadael.

1 Dan dy fendith wrth ymadael
  Y dymunem, Arglwydd fod;
  Llanw'n calon â dy gariad,
  A'n geneuau â dy glod:
    Dy dangnefedd, &c.,
  Dyro i ni yn barhaus.

2 Am efengyl gras a'i breintiau,
  Rhoddwn ddiolch byth i Ti;
  Caffer ffrwythau iachawdwriaeth
  Yn lluosog arnom ni:
    I'r gwirionedd, &c.,
  Gwna ni'n ffyddlon tra b'om byw.

3 Melus fydd y fwyn gyfeillach,
  Yn y pur ogoniant maith;
  Melus fydd cydganu 'r anthem,
  O un galon, a'r un iaith:
    Melus meddwl, &c.,
  Na fydd raid ymadael mwy.
      Amen.

8s, 7s & 4.

Close of Worship.

1 Lord, dismiss us with Thy blessing,
  Fill our hearts with joy and peace;
  Let us each, Thy love possessing,
  Triumph in redeeming grace.
    Oh, refresh us,
  Travelling through this wilderness.

2 Thanks we give, and adoration,
  For Thy gospel's joyful sound;
  May the fruits of Thy salvation
  In our hearts and lives abound;
    May Thy presence
  With us evermore be found.

3 So, whene'er the signal 's given
  Us from earth to call away,
  Borne on angels' wings to heaven,
  Glad the summons to obey,
    May we, ready,
  Rise and reign in endless day.
      Amen.

GOLDEN HARP.

91 Y DELYN AUR. M. 7. [8s, 7s & 4.]

M. 7.
Y Delyn aur.

1 DECHREU canu, dechreu canmol,
   Yn mhen mil o filoedd maith,
   Iesu bydd y gwaredigion
   Hyfryd draw ar ben eu taith;
     Ni bydd diwedd, &c.,
   Byth ar swn y delyn aur.

2 Bydd ein croesau wedi darfod
   Draw ar fryniau'r nefol dir;
   Pan gawn weled ei ogoniant
   Ar ei orsedd ddisglaer bur;
     Ni bydd diwedd, &c.,
   Byth ar swn y delyn aur.

3 Dewch at Iesu, dewch yr awr'on,
   Mae yn galw arnoch chwi,
   I ymuno gyda 'r dyrfa
   Sydd yn canu 'r anthem fry;
     Ni bydd diwedd, &c.,
   Byth ar swn y delyn aur.   Amen.

8s, 7s & 4.
Golden Harp.

1 WHEN ten thousand thousand ages
   Will have pass'd, then shall praise Him
   They who sing and swell his glory
   In harmonious, joyful hymn,
     And forever, &c.,
   They will play the golden harp.

2 All the sorrows shall have finished,
   Pain shall be forever gone,
   When we shall enjoy his glory
   On the white and heavenly throne,
     And forever, &c.,
   We will play the golden harp.

3 Come to Jesus, He will make you
   Ready for that song of love;
   He from sin and pain will take you
   To the happy world above;
     And forever, &c.,
   You shall play the golden harp. Amen.

THE VICTORY OF THE CROSS.

92   BRYN CALFARIA.   M. 7.   [8s, 7s & 4.]

M. 7.
Buddugoliaeth y Groes.

1 GWAED y groes sy'n codi i fyny,
  'R ciddil yn gonewerwr mawr;
  Gwaed y groes sydd yn darostwng,
  Cawri cedyrn fyrdd i lawr;
  Gad im' deimlo,
  Awel o Galfaria fryn.

2 Gwaed 'sgrifenodd ar y croesbren
  Gariad nerthol, dwyfol, rhad;
  Ni 'sgrifenir ar fy nghalon
  Fyth dy cirian ond â gwaed
  Dyma 'sgrifen
  A braha yn hwy na'r hyd.

3 Ymddiriedaf yn dy allu,
  Mawr yw'r gwaith a wnest erioed;
  Ti ge'st angeu, ti ge'st uffern,
  Ti ge'st satan dan dy droed;
  Pen Calfaria,
  Nac aed hwnw byth o'm côf.

4 Cofio am farwolaeth Iesu
  O, mor hyfryd ydyw'r gwaith
  Dechreu yma ar y ddaear
  Para i dragwyddoldeb maith,
  Haleluia, &c.,
  Dyma iachawdwriaeth lawn. Amen.

8s, 7s & 4.
The Victory of the Cross.

1 BLOOD of Christ exalts the humble
  From the depth of deepest woes,
  And subdues the proud transgressor,
  And to him his danger shows;
  Let me feel it, etc.,
  Heavenly breeze from Calvary.

2 On the Cross the blood hath written
  Everlasting deeds of love;
  In my heart the blood hath written
  Name that will be known above.
  What is written, etc.,
  Who can ever take away?

3 I will trust Thy hand almighty,
  Great the victory Thou hast won;
  Death and hell and Satan's kingdom
  By Thy death are all outdone.
  Blessed Jesus, etc.,
  Let me always think of Thee.

4 Oh, how sweet 'tis to remember
  Of Thy death on Calvary!
  Midst our tears the sight is gracious,
  But in heaven no tears shall be.
  Halleluia, etc.,
  He is for us all in all.   Amen.

THE INVITATION.

93 VESPER. M. 7. [8s, 7s & 4.]

M. 7.

Gwahoddiad at Grist.

1 DEUWCH, bechaduriaid tlodion,
   Clwyfus, cleifion, o bob rhyw,
   Crist sy'n barod i'ch gwaredu,
   Llawn tosturi yw Mab Duw;
      Nac amheuwch,
   Abl ac ewyllysgar yw.

2 Rhai anghenus dewch a chroesaw,
   I gael rhoddion Duw yn rhâd,
   Cewch wir flydd ac edifeirwch,
   A phob gras yn ddi-nacâd;
      Dewch heb arian,
   Prynwch gan yr Iesu'n rhâd.

3 Dewch flinderog a thrwmlwythog,
   Trwy y cwymp ga'dd farwol friw,
   Os aroswch nes eich gwella
   Byth ni ddeuwch yn eich byw;
      Pechaduriaid,
   Nid rhai cyfiawn, eilw Duw.
                          Amen.

8s, 7s & 4.

The Invitation.

1 COME, ye sinners, poor and wretched,
   Weak and wounded, sick and sore,
   Jesus ready stands to save you,
   Full of pity, love, and power.
      He is able,
   He is willing, doubt no more.

2 Ho, ye needy; come, and welcome;
   God's free bounty glorify!
   True belief and true repentance,
   Every grace that brings us nigh,
      Without money,
   Come to Jesus Christ, and buy.

3 Let not conscience make you linger,
   Nor of fitness fondly dream;
   All the fitness He requireth
   Is to feel your need of Him;
      This He gives you;
   'T is the Spirit's rising beam.
                          Amen.

G

SHOWERS OF BLESSING.

94   IREIDDIOL. M. 8. [8s, 7s & 3.]

M. 8.
Iawn Crist.

1 ARGLWYDD clywafeion cawodydd
  Gwlaw dy gariad oddi fry,
Yn adfywio'r tir sychedig
  Deued hefyd arnaf fi.
    Ie fi, ie fi,
  Deued hefyd arnaf fi.

2 O fy Nhad, gan faint fy llygredd,
  Nid wy'n haeddu'th wyneb di;
Na ddos heibio; dy drugaredd
  Doed i lawr i'm henaid i.
    Ie fi, ie fi,
  Doed i lawr i'm henaid i.

3 Na ddos heibbio, raslawn Geidwad,
  Claf wyf am dy gwmni di;
'Rwy'n hiraethu am dy gariad,
  Pan yn galw, galw fi.
    Ie fi, ie fi.
  Pan yn galw, galw fi.

4 Na ddos heibio, Ysbryd nerthol,
  Tan a bywyd ydwyt ti;
Doed dy ddylanwadau dwyfol
  Yn eu nerth i'm henaid i.
    Ie fi, ie fi,
  Doed dy nerth i'm henaid i.
            Amen.

8s, 7s & 3.
Showers of Blessing.

1 LORD, I hear of showers of blessing
  Thou art scattering full and free;
Showers the thirsty soul refreshing;
  Let some droppings fall on me!
    Even me, even me,
  Let some droppings fall on me!

2 Pass me not, O gracious Father!
  Lost and sinful though I be;
Thou might'st curse me, but the rather
  Let Thy mercy light on me.
    Even me, even me,
  Let Thy mercy light on me.

3 Have I long in sin been sleeping?
  Long been slighting, grieving Thee!
Has the world my heart been keeping?
  Oh, forgive and rescue me!
    Even me, even me,
  Oh, forgive and rescue me!

4 Pass me not, O mighty Spirit!
  Thou canst make the blind to see;
Testify of Jesus' merit,
  Speak the word of peace to me.
    Even me, even me,
  Speak the word of peace to me.
            Amen.

CHRIST'S GLORY.

95 WITTEMBURGH. M. 9. [7s & 6s.]

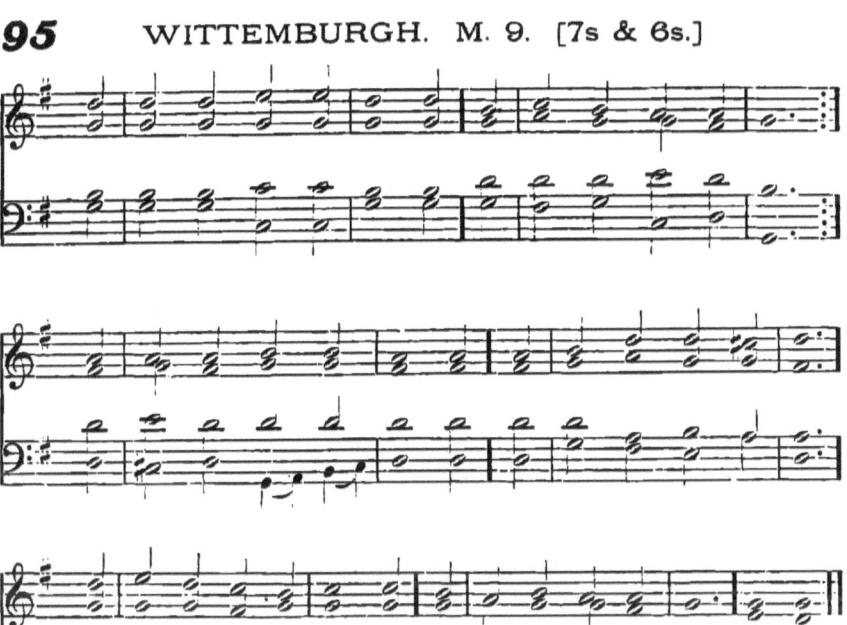

M. 9.

Gogoniant Crist.

1 ANGELION ddo'nt yn gyson
  Rifedi gwlith y wawr,
Rho'nt eu coronau euraidd
  O flaen y faine i lawr;
Chwareuant eu telynau,
  Yn nghyd a'r saint yn un;
Ond byth ni chanant ddigon
  Am Dduwdod yn y dyn.

2 O! foredd o ddoethineb
  Oedd yn y Duwdod mawr,
Pan y cyfrania 'i garad
  I bryfaid gwael y llawr;
A gwneuthur i' u drngaredd,
  A'i dostur maith yn nyhyd,
I redeg megyo afon
  Lifeirial dros y byd.
                Amen.

7s & 6s.

Glory of Christ.

1 ANGELIC throngs unnumbered,
  As dawn's bright drops of dew,
Present their crowns before Him
  With praises ever new;
But saints and angels blending
  Their songs above the sun,
Can ne'er express the glories
  Of God with man made one.

2 O boundless sea of wisdom!
  A Saviour full of grace;
To show God's love in mercy
  To a fallen, dying race,
And cause that love and mercy
  To flow in endless flood,
With tenderness and pity,
  To all the ruined world.
                Amen.

THE CROSS OF CHRIST.

96   MEIRIONYDD. M. 9. [7s & 6s.]

M. 9.

Cross Crist.

1 Mae Crist a'i w'radwyddiadau,
  A'i groesau o bob rhyw,
Yn ddigon i mi farw,
  Yn ddigon i mi fyw;
Can's yn ei groes mae coron,
  Ac yn ei wawd mae bri,
A thrysor yn ei gariad
  Sydd fwy na'n daear ni.

2 Rho brofi grym ei gariad,
  Sydd annherfynol fôr,
I'm tynu tua'r bywyd
  Fy Nuw, a'm cadarn Iôr:
Goleuni Haul Cyfiawnder,
  A'i nefol hyfryd wres,
A ddwg fy ysbryd egwan
  I'r nefoedd wen yn nês.
          Amen.

7s & 6s.

The Cross of Christ.

1 My Lord with his affliction,
  His cross and bitter pain,
Affords me joy while living,
  And dying will be gain.
In his reproach is honor,
  In his rude cross a crown,
And in his love a treasure
  Surpassing all renown.

2 Oh, let me feel his dear love,
  Which is a boundless sea,
Attracting my soul above,
  O Lord my God, to Thee.
Let the rays of righteousness,
  The bright, heavenly light,
Cheer my weak and fainting heart,
  And bring heaven near and bright.
          Amen.

THE WONDERS OF GOD.

97   ST. SIMON. M. 9. [7s & 6s.]

M. 9.
Diwedd gofidiau.

1 Ar fyr fe dderfydd galar,
   Caethiwed, cur, a phoen;
Daw Jubili dragwyddol
   I bawb sy 'n caru 'r Oen:
Mae eto 'n ol orphwysfa,
   O gylch yr orsedd lân,
I blant y gorthrymderau
   I seinio nefol gân.

2 Ac os yr annheilyngaf
   Yn mysg y dyrfa lân,
Fydd byth a'i fawl bereiddiaf—
   A gyfyd uwchaf gân;
A ddichon y bydd rhywun
   O fewn Caersalem fry,
A chwery danau 'r delyn
   I'r Oen yn well na mi?

3 O'r diwedd daeth y bore,
   Sef dydd i lawenhau;
Daeth nefoedd at y ddaear—
   Daeth Iesu i'n rhyddhau
Mae wedi agor llwybr
   O'r ddaear hyd y nen,
A drysau 'r wir Baradwys
   Agorodd led y pen.
            Amen.

7s & 6s.
The Lord hath done Great Things.

1 When God arose, the nation
   From bondage to redeem,
The joy of our salvation
   Came to us like a dream.
Our hearts with triumph bounded,
   Our lips ran o'er with praise,
The heathen stood confounded
   At God's mysterious ways.

2 They said, The Lord hath wonders
   Wrought for his captives sad;
The Lord hath done great wonders,
   And therefore we are glad.
Lord, all the remnant weary
   Bring back to Zion still,
As brooks in south lands dreary
   Their thirsty channels fill.

3 Full many cast in sadness
   Their seed on parching soil,
Who yet shall reap in gladness
   The harvest of their toil.
He who in tears departed
   With precious seed at morn,
Shall homeward fare light-hearted
   With sheaves of golden corn.
            Amen.

98   LUBECK. M. 9. [7s & 6s.]

M. 9.

Y fuddugoliaeth yn rhyfedd.

Os gwelir fi, bechadur,
  Ryw ddydd ar ben fy nhaith,
Rhyfeddol fydd y canu,
  A newydd fydd yr iaith;
Yn seinio buddugoliaeth
  Am iachawdwriaeth lawn,
Heb ofni colli'r frwydr
  Y boreu na'r prydnawn.
            Amen.

7s & 6s.

The Victory Surprising.

IF I, the sin benighted,
  At length attain the goal,
Oh, what will be the transport
  Of my enraptured soul;
The triumph celebrating
  Of saving mercy's power,
Nor dread again to perish,
  Nor wander evermore.
            Amen.

PRAYER.

99   LLYDAW. M. 9. [7s & 6s.]

M. 9.
Gweddi.

1 PECHADUR wyf, O Arglwydd,
   Yn curo wrth dy ddôr ;
Erioed mae dy drugaredd
   Yn para yn ystore ;
Er iti faddau beiau
   Rifedi'r tywod mân
Gwn fod dy hen drugaredd,
   Lown cymaint ag o'r blaen.

2 Gwasgara'r tew gymylau,
   Oddiyma i dy fy Nhad ;
Dadguddia imi beunydd
   Yr iachydwriaeth rad ;
Llefara air dy hunan
   Wrth f'enaid egwan trist,
Dy fod yn maddeu 'meiau
   Trwy haeddiant Iesu Crist.
              Amen.

7s & 6s.
Prayer.

1 BEHOLD a poor sinner, Lord,
   Now knocking at Thy door ;
O let Thy depth of mercy
   Be mine in endless store.
Though Thou hast pardoned millions
   Of guilty, sinful men,
Yet Thy great stores of mercy
   Forever will remain.

2 The clouds, O Lord, do scatter
   Between me and Thy face ;
Reveal to me the glory
   Of Thy redeeming grace ;
Speak Thou in words of mercy,
   While in distress I call ;
And let me taste forgiveness,
   Through Christ, my all in all.
              Amen.

CONFIDENCE.

100 WEBB. M. 9. [7s & 6s.]

M. 9.
Hyder.

1 Mi rof fy mai ar Iesu—
  Difeius Oen fy Nuw;
Efe sydd yn gwaredu
  Eneidiau dynol ryw;
F'euogrwydd at yr Iesu
  A ddygaf, er mor fawr,
Efe a wna fy nghânu
  Fel eira gwyn ei wawr.

2 F'anghenion at yr Iesu
  A ddygaf bob yr un;
Fe all eu llwyr gyflenwi
  A'i lawnder mawr ei hun;
Fy nghwynion blin i'r Iesu
  Gyflwynaf 'nawr yn brudd;
Mae'n barod i'm diddanu
  A'm rhoddi 'n gwbl rydd.

3 Gosodaf ar yr Iesu
  Holl bwys fy enaid gwan,
A'i ras fe'm dwg i fynu
  O'r anial yn y mân;
'R wyn caru enw 'r Iesu,
  Mae megis enaint drud,
A'i arogl yn rhagori
  Ar bobpeth fedd y byd.

7s & 6s.
Confidence.

1 I LAY my sins on Jesus,
  The spotless Lamb of God,
He bears them all, and frees us
  From the accursèd load:
I bring my guilt to Jesus,
  To wash my crimson stains
White in his blood most precious,
  Till not a spot remains.

2 I lay my wants on Jesus;
  All fulness dwells in Him;
He heals all my diseases,
  He doth my soul redeem:
I lay my griefs on Jesus,
  My burdens and my cares;
He from them all releases,
  He all my sorrows shares.

3 I rest my soul on Jesus,
  This weary soul of mine;
His right hand me embraces,
  I on his breast recline:
I love the Name of Jesus,
  Immanuel, Christ, the Lord;
Like fragrance on the breezes,
  His Name abroad is poured.

MISSIONARY HYMN.

101 MISSIONARY. M. 9. [7s & 6s.]

M. 9.
Hymn Genhadol.

1 O GREENLAND oer fynyddig,
  O draethau India fawr.
  Lle treigla dyfroedd Affrig,
  Eu tywod aur i lawr,
  O lawer gwlad ddyfradwy,
  O lanau'r palmwydd gwyrdd,
  Erfyniant ein cynorthwy
  Rhag coelgrefyddau fyrdd.

2 Er bod mewn pell ynysoedd
  Awelon pêr yn hael.
  A hyfryd en hardaloedd;
  A dim ond dyn yn wael;
  Yn ofer gwelir yno
  Fendithion Duw ar daen;
  Y bobloedd yn eu dellni
  Addolant bren a maen.

3 A fydd i ni oleuwyd
  Trwy rhodd y nefoedd fry,
  Nacâu goleuni 'r bywyd
  I'r sawl mewn t'wyllwch sy?
  Achubiaeth, O achubiaeth!
  Dadganer dros y llawr,
  Nes dysgo pob cenhedlaeth
  Adnabod Iesu mawr.

4 Ewch wyntoedd, ewch a'r newydd,
  A chwithau foroedd mawr,
  Nes bo'i ogonawl gynydd
  Yn llenwi daear lawr;
  A boedd i'r Oen fu'n gwaedu
  Dros feiau dynol ryw.
  Mewn mawredd i deyrnasu
  Yn Brynwr ac yn Dduw.

7s & 6s.
Missionary Hymn.

1 FROM Greenland's icy mountains,
  From India's coral strand,
  Where Afric's sunny fountains
  Roll down their golden sand;
  From many an ancient river,
  From many a palmy plain,
  They call us to deliver
  Their land from error's chain.

2 What though the spicy breezes
  Blow soft o'er Ceylon's isle;
  Though every prospect pleases,
  And only man is vile;
  In vain with lavish kindness
  The gifts of God are strown;
  The heathen, in his blindness,
  Bows down to wood and stone.

3 Can we, whose souls are lighted
  With wisdom from on high,
  Can we, to men benighted,
  The lamp of life deny?
  Salvation, oh, salvation!
  The joyful sound proclaim,
  Till each remotest nation
  Has learned Messiah's name.

4 Waft, waft, ye winds, his story,
  And you, ye waters, roll.
  Till, like a sea of glory.
  It spreads from pole to pole;
  Till o'er our ransomed nature,
  The Lamb for sinners slain,
  Redeemer, King, Creator,
  In bliss returns to reign!

GOD OUR REFUGE.

102   DENTON'S GREEN. M. 9. [7s & 6s.]

M. 9.

Cymorth i lechu.

O Arglwydd Dduw rhagluniaeth
  Ac iachawdwriaeth dyn,
Tydi sy'n llywodraethu
  Y byd a'r nef dy hun,
Yn wyneb pob caledi
  Y sydd, neu eto ddaw,
Dod gadarn gymorth imi
  I lechu yn dy law.
                          Amen.

7s & 6s.

Prayer for Shelter.

Eternal God, who rulest
  The whole creation wide,
And dost for guilty sinners
  Mercy and grace provide;
In depth of every sorrow
  That is, or time may bring,
Oh, give us help to shelter
  Beneath Thy tender wing.
                          Amen.

THE BLOOD.

103 PENITENCE. M. 9. [7s & 6s.]

M. 9. | 7s & 6s.

Y gwaed, y gwaed. | The Blood.

1 Y GWAED, y gwaed a lifodd
Ar groesbren un prydnawn;
Rhinweddau hwnw roddodd
I'r ddeddf foddlonrwydd llawn
Y gwaed, y gwaed a olcha
Bechadur du yn wyn;—
Dadseiniwn haleluia,
Am waed Calfaria fryn.

2 Y gwaed, y gwaed a egyr
Holl byrth y nefoedd lon;
Y gwaed, y gwaed rydd gysur
Dan holl gurfeydd y fron:
Ar fryniau anfarwoldeb,
Pan yno sang fy nhraed,
Fy nghân i dragwyddoldeb
Gaiff fod—Y gwaed, y gwaed!

1 THE blood which from my blessed
Redeemer's heart did flow,
Gave justice satisfaction
And magnified the law;
The blood which makes a sinner,
However guilty, free,
Through life's eventful season,
Shall be a song to me.

2 The blood, the blood which opens
The gates of heaven above,
Shall fill my mournful spirit
With joy divine and love;
When on the hills of glory
My weary foot shall tread,
My joyful song forever
Shall be, The blood, the blood.

GOD'S WORD.

104 ABERHONDDU. M. 9. [7s & 6s.]

M. 9.
Gair Duw.

1 Y NEFOEDD lân ddadgana
  Ogoniant Awdwr byd,
  A dydd i ddydd a draetha
  Ei fawredd ef o hyd;
  Hyawdledd eu distawrwydd
  Anoga ddynol ryw,
  I ddeffro o'u cysgadrwydd
  I wir folianu Duw.

2 Ei santaidd Air rydd olau
  Sydd ganmil gwell i ni
  Nag eiddo'r ffurfafenau
  Na'r dydd er maint eu bri;
  Arweinia'r llesg ymdeithydd,
  Yn ddoeth y gwirion wna,
  A thân bob trallod beunydd
  Yr athrist lawenha.

3 Ei Air sydd werthfawrocach
  Na disglaer berlau'r byd;
  A'i ddeddfau ynt ragorach
  Na'r gwin a'r gwleddoedd drud;
  Mor ddoeth yw pob gorchymyn
  A rodda Brenin Nef;
  Mor ddedwydd yw'r credadyn
  A geisia 'i gadw ef.
            Amen.

7s & 6s.
God's Word.

1 THE heavens declare his glory,
  Their Maker's skill the skies;
  Each day repeats the story,
  And night to night replies.
  Their silent proclamation
  Throughout the earth is heard;
  The record of creation,
  The page of nature's word.

2 So pure, so soul-restoring,
  Is truth's diviner ray;
  A brighter radiance pouring
  Than all the pomp of day:
  The wanderer surely guiding,
  It makes the simple wise;
  And, evermore abiding,
  Unfailing joy supplies.

3 Thy word is richer treasure
  Than lurks within the mine;
  And daintiest fare less pleasure
  Yields than this food divine.
  How wise each kind monition!
  Led by Thy counsels, Lord,
  How safe the saints' condition,
  How great is their reward!
            Amen.

MY SALVATION.

105 YARMOUTH. M. 9. [7s & 6s.]

M. 9.
Duw yw fy iachawdwriaeth.

1 Duw yw fy iachawdwriaeth
  Pa achos ofni sydd?
Yn awr y brofedigaeth
  Fy ngrym a'm goleu fydd:
Pe codai llu i'm herbyn,
  Mi safwn yn ddi-fraw,
'D oes neb a all fy nhrechu,
  Tra byddo Duw gerllaw.

2 Fy enaid rho dy ymddiried
  Yn hollol yn yr Un
A all dy gynorthwyo
  Yn nydd y trallod blin;
Er cryfed dy elynion,
  Er lleied yw dy rym,
Dy Dduw sydd Hollalluog,
  Ni raid it' ofni dim.

7s & 6s.
My Salvation.

1 God is my strong salvation;
  What foe have I to fear?
In darkness and temptation,
  My Light, my Help is near:
Though hosts encamp around me,
  Firm in the fight I stand;
What terror can confound me,
  With God at my right hand?

2 Place on the Lord reliance;
  My soul, with courage wait;
His truth be thine affiance,
  When faint and desolate:
His might thy heart shall strengthen,
  His love thy joy increase;
Mercy thy day shall lengthen;
  The Lord will give thee peace.

THE HEAVENLY BREEZE.

106   EWING. M. 9. [7s & 6s.]

M. 9.
Awel mynydd Sion.

1 O ARGLWYDD, dyro awel,
  A hono 'n awel gref,
  A godo f' ysbryd egwan
  O'r ddaear hyd y nef!
    Yr awel sy 'n gwasgaru
    Y tew gymylau mawr;
  Mae f" enaid am ei theimlo—
  O'r nefoedd doed i lawr.

2 Awelon mynydd Sïon
    Sy 'n cnyn nefol dân,
  Awelon mynydd Sïon
    A nertha 'nghamrau 'mlaen
  Dan awel mynydd Sïon
    Mi genais beth cyn hyn;
  Mi gânaf ronyn eto,
    Nes d'od i Sïon fryn.   Amen.

7s & 6s.
The Heavenly Breeze.

1 O LORD, give us the breezes,
  Oh, give the tearful eyes,
  Oh, let us in our weakness
  See unbeclouded skies.
    The mighty wind will scatter
    The clouds all from the sky,
  The clouds that now are hiding
  From us the light on high.

2 The breezes from Sion's hill
    Will fan the heavenly flame,
  The breezes from Sion's hill
    Will help the weak and maim.
  By the gales from Sion's hill
    We 've sang in days of yore,
  By gales of holy Sion
  We'll sing and Thee adore. Amen.

THE NEW JERUSALEM.

107 Tune.—EWING.

M. 9.   7s & 6s.

Y Jerusalem nefol.   *The New Jerusalem.*

1 'R WY'N llefain o'r anialwch,
   Am byrth fy ninas wiw;
  Jerusalem fy nghartref,
   Jerusalem fy Nuw!
  Pa bryd y caiff fy llygaid,
   Pa bryd y caiff fy mhen,
  Ymagor ac ymorphwys
   Yn mro Caersalem wen.

2 Gad i mi fara 'r bywyd,
   Gad i mi 'r dyfroedd byw,
  Ar ddeheu law fy Mhrynwr,
   Yn ninas wen fy Nuw!
  'R wy'n sefyll ac yn curo,
   O agor dithau 'r ddôr!
  Am Sabboth ac am deml,
   Jerusalem fy Iôr!

3 'R wy'n trigo ar y ddaear,
   Gan edrych ar y wawr,
  A dysgwyl am ddisgyniad
   Jerusalem i lawr;
  Wrth wel'd y nef yn gwênu
   Ar ael y cwmwl draw,
  'R wy'n credu ac yn cânu
   Jerusalem a ddaw.

4 Er dalled yw fy ngolwg,
   Er trymed yw fy nghlyw,
  Mi welaf mewn addewid—
   Jerusalem fy Nuw!
  Mi welaf deml Sïon,
   Mi glywaf Jubili,
  Mi welaf ddinas santaidd,
   Jerusalem yw ni!   Amen.

1 JERUSALEM, the golden,
   With milk and honey blest!
  Beneath thy contemplation
   Sink heart and voice oppressed.
  I know not, oh, I know not
   What social joys are there,
  What radiancy of glory,
   What light beyond compare.

2 Jerusalem, the glorious!
   The glory of the elect,—
  Oh, dear and future vision
   That eager hearts expect!
  Ev'n now by faith I see thee,
   Ev'n here thy walls discern;
  To thee my thoughts are kindled,
   And strive, and pant, and yearn!

3 The Cross is all thy splendor,
   The Crucified, thy praise;
  His laud and benediction
   Thy ransomed people raise;—
  Jerusalem! exulting
   On that securest shore,
  I hope thee, wish thee, sing thee,
   And love thee evermore!

4 Oh, sweet and blessèd country!
   Shall I e'er see thy face?
  Oh, sweet and blessèd country!
   Shall I e'er win thy grace?—
  Exult, oh, dust and ashes!
   The Lord shall be thy part;
  His only, his forever,
   Thou shalt be, and thou art!   Amen.

THE MERCY-SEAT.

108   EDINBURGH. M. 10. [8s & 7s.]

M. 10.

Y Drugareddfa.

1 Dyma babell y cyfarfod,
   Dyma gymod yn y gwa'd;
Dyma noddfa i lofruddion,
   Dyma i gleifion Feddyg rhad;
Dyma fan yn ymyl Duwdod
   I bechadur wneud ei nyth,
A chyfiawnder pur y nefoedd
   Yno'n gwenu arno byth.

2 Dyma frawd a aned i ni,
   Erbyn c'ledi a phob clwy;
Ffyddlon ydyw, llawn tosturi,
   Headdai gael ei foli'n fwy;
Rhyddhawd caethion, meddyg cleifign
   If ordd i Seion union yw,
Ffynon loew, Bywyd meirw,
   Arch i gadw dyn yw Duw.
             Amen.

8s & 7s.

The Mercy-Seat.

1 Here, behold the seat of mercy;
   Here, from doubt and fear release;
Here a refuge for the guilty;
   Here are joy, and health, and peace;
Here a covert near the Godhead,
   Where the vile may make their nest;
Justice smiling fond approval,
   Honored law declares them blest.

2 See the Saviour for the guilty,
   A Brother for the day of need;
Faithful, tender, full of pity,
   He should have our praise indeed.
Great Redeemer and Physician,
   The true way to Sion He,
Living Fountain, true Salvation,
   Ark where guilty man may flee.
             Amen.

ATONEMENT.

109 BENDITHIAD. M. 10. [8s & 7s.]

M. 10.
Diolchgarwch am yr Iawn.

1 HENFFYCH well! anwylaf Iesu,
　Henffych Frenin Canaan wlad;
　Ti oddefaist i'n gwaredu,
　'Nillaist iachawdwriaeth rad;
　Henffych Geidwad pechaduriaid,
　Dygaist bechod dynolryw;
　Trwy dy haeddiant annherfynol,
　Codir myrdd o feirw'n fyw.

2 Oen y pasg, trwy drefniad dwyfol,
　Beiau fyrdd ro'w'd arnat ti;
　Maeddaist hwynt, a gwnaethost gymod,
　Cymod cyflawn trosom ni;
　Trwy dy haeddiant mawr agoraist
　Hawddgar byrth Caersalem lon;
　Hedd fel moroedd mawr sy'n llifo
　Fry o'r nef i'r ddaear hon.

3 Teilwng wyt o'r mawl diderfyn
　Roddir gan angelaidd gôr,
　Ac o fawl y gwaredigion,
　'Nol diflano tir a môr;
　Pe bai genym delyn Gabriel,
　A'i fedrusrwydd at y gwaith;
　O mor felus fyddai'n canu,
　Canu a felusai'n taith.
　　　　　　　　Amen.

8s & 7s.
Gratitude for the Atonement.

1 HAIL! Thou once despised Jesus,
　Hail, Thou Galilean King;
　Thou didst suffer to release us,
　Thou didst free salvation bring.
　Hail, Thou agonizing Saviour,
　Bearer of our sins and shame;
　By Thy merits we find favor,
　Life is given through Thy name.

2 Paschal Lamb, by God appointed,
　All our sins on Thee were laid;
　By almighty love anointed,
　Thou hast full atonement made;
　All Thy people are forgiven,
　Through the virtue of Thy blood;
　Open'd is the gate of heaven,
　Peace is made 'twixt man and God.

3 Worship, honor, power, and blessing,
　Thou art worthy to receive;
　Loudest praises, without ceasing,
　Meet it is for us to give;
　Help, ye bright angelic spirits,
　Bring your sweetest, noblest lays;
　Help to sing our Saviour's merits,
　Help to chant Immanuel's praise.
　　　　　　　　Amen.

CHRIST'S TRIUMPH.

110 HYFRYDOL. M. 10. [8s & 7s.]

M. 10.

Buddugoliaeth Crist.

1 MARCHOG, Iesu, yn llwyddianus,
 Gwisg dy gleddyf ar dy glun;
 Nis gall daear dy wrthsefyll,
 Chwaith nag uffern fawr ei hun;
 Mae dy enw mor ardderchog,
 Pob rhyw elyn gilia draw;
 Mae rhyw arswyd trwy'r greadigaeth
 Pan y byddi di gerllaw.

2 Minau bellach orfoleddaf
 Fod y Jubil fawr yn d'od,
 Pan gyflawnir bod addawid
 Roddodd Jesu mawr erioed;
 Mil of filoed myrdd myrddynan
 Ddaw o uthaf tywyll fyd,
 Gad dawns ac udgorn arian,
 Mewn i Salem byr yn nghgd.
  Amen.

8s & 7s.

The Triumph of Christ.

1 RIDE in triumph, holy Saviour,
 Go and conquer o'er the land;
 Earth and hell, with all their forces,
 Now before Thee cannot stand;
 At the radiance of Thy glory,
 Every foe must flee away;
 All creation thrills with terror
 Under Thine eternal sway.

2 Now in triumph our Lord is come,
 Raise the song of victory;
 Yes, now, He brings the ransomed home
 In this the day of jubilee.
 Yet millions more from every land
 Shall come with the dance and song,
 To take their seats at his right hand,
 Without fear that grieved them long.
  Amen.

THE CHRISTIAN'S DESIRE.

111   HAMBURGH. M. 10. [8s & 7s.]

M. 10.

Aros yn y tŷ.

1 O am nerth i dreulio'm dyddiau
    Yn nghynteddoedd tŷ fy Nhad;
  Byw yn nghanol y goleuni,
    T'w'llwch obry tan fy nhra'd;
  Byw heb fachlud haul un amser,
    Byw heb gwmwl, byw heb boen,
  Byw ar gariad anorchfygol,
    Pur y croeshoeliedig Oen.

2 Dyro olwg ar dy haeddiant,
    Golwg ar dy deyrnas rad;
  Brynwyd imi, ac a seliwyd,
    Seliwyd imi â dy wa'd;
  Rho im' gyrchu tuag ato,
    Peidio byth a llwfrhau;
  Ar fy nhaith ni cheisiaf genyt,
    Ond yn unig dy fwynhau.
            Amen.

8s & 7s.

The Christian's Desire.

1 Aid me, Lord, always to tarry
    In my Father's courts below;
  Live in light divine and glorious,
    Without darkness, without woe;
  Live without the sun's departure,
    Live without a cloud or pain;
  Live on Jesus' love unconquer'd,
    Who on Calvary was slain.

2 Let me view the great atonement,
    And the kingdom which is mine,
  Which Thy blood hath purchas'd for
    Sealed also as divine;   [me,
  Let me daily strive to find it,
    Let this be my chief employ;
  On my march I ask no favor
    But Thy presence to enjoy.
            Amen.

112 EIFIONYDD. M. 10. [8s & 7s.]

M. 10.

Cyfaill pechadur.

1 O IACHAWDWR pechaduriaid,
   Sydd a'r gallu yn dy law,
  Rho oleuni, hwylia'm henaid
   Dros y cefnfor garw draw;
  Gad i'r wawr fod o fy wyneb,
   Rho fy enaid llesg yn rhydd;
  Nes i'r haulwen ddysglaer godi,
   Tywys fi wrth y seren ddydd.

2 O ynfydrwydd, O ffolineb,
   Im' erioed i roddi'm bryd
  Ar un tegan, ar un pleser
   Welais eto yn y byd;
  Y mae'r byd yn myned heibio
   A'i deganau o bob rhyw,
  Tan y nef ni thâl ei garu
   Wrthddrych arall ond fy Nuw.
                        Amen.

8s & 7s.

Friend of Sinners.

1 GREAT Redeemer, Friend of sinners,
   Thou hast mighty power to save;
  Grant me light, and still conduct me
   Over each tempestuous wave;
  May my soul with sacred transport
   View the dawn while yet afar,
  And until the sun arises,
   Lead me by the morning star.

2 Oh, what madness, oh, what folly,
   That my thoughts should go astray
  After toys and empty pleasures,
   Pleasures only for a day;
  This vain world, with all its trifles,
   Very soon will be no more,
  There's no object worth admiring,
   But the God whom I adore.
                        Amen.

A STRANGER HERE.

113 DISMISSION. M. 10. [8s & 7s.]

M. 10.

Yn ddyeithr yma.

1 Dyn dyeithr ydwyf yma,
   Draw mae'm genedigol wlad;
   Draw i'r moroedd mawr tymhestlog,
   Ac o fewn i'r Ganaan rad;
   'Stormydd hir o demtasiynau
   A'm curasant I yn nihell;
   Tyred awel fwyn y deau,
   Chwyth fi i'r baradwys well.

2 A oes neb o'm hen gyfeillion
   A ddaw'n ddiddig gyda mi;
   Ac a orwedd wrth fy ochr,
   Obry yn y ddaear ddu;
   A yw cyfaill ddim ond hyny,
   Tywallt dagrau, newid gwedd;
   Pan fo'r pridd, y clai, a'r ceryg
   Arna'i'n cwympo yn y bedd.
                     Amen.

8s & 7s.

A Stranger here.

1 In this land I am a stranger,
   Yonder is my native home,
   Far beyond the stormy billows, [loom.
   Where sweet Canaan's mountains
   Tempests wild from sore temptations
   Did my vessel long detain;
   Speed, O gentle southern breezes,
   Aid me soon to cross the main.

2 Will not any old companion,
   In whose love I now confide,
   Step with me to death's cold regions,
   And lie closely by my side;
   Can a friend show no more kindness,
   Than to weep and look aghast,
   When the dust and stones together
   On my breathless corpse are cast?
                     Amen.

SUPPORT IN DEATH.

114 ROUSSEAU. M. 10. [8s & 7s.]

M. 10.

Cyfaill yn angen.

1 Yn y dyfroedd mawr a'r tonau
  Nid oes neb a ddeil fy mhen,
  Ond y flyddlawn Archoffeiriad
  A fu farw ar y pren;
  Cyfaill yw yn afon angeu
  Ddeil fy mhen yn uwch na'r don,
  Golwg arno wna i mi ganu
  Yn yr afon ddofn hon.

2 O anfeidrol rym y cariad!
  Anorchfygol ydyw'r gras!
  Digyfnewid yw'r addewid,
  Pery byth o hyn i ma's!
  Hyn yw'm hangor ar y cefnfor,
  Na chyfnewid meddwl Duw;
  Fe addawodd na chawn farw,
  Y'nghlwyfau'r Oen y cawn i fyw.

8s & 7s.

Friend in Jordan.

1 Who amid the swelling billows
  Can sustain my sinking head?
  None but that divine Redeemer
  Who upon the cross hath bled;
  If He through the stormy current
  O'er the wave my head will bear,
  If a gracious look vouchsafe me,
  I will praise Him even there.

2 Oh, the strength of love eternal!
  Oh, the riches of his grace!
  He will always keep his promise
  Which I in the Bible trace;
  This my anchor on the ocean,
  That our God is the "I Am,"
  He hath said, "Thou shalt not perish,"
  I will shelter in his name.

115. MOUNT OF OLIVES. M. 10. [8s & 7s.]

M. 10.
Dechreu oedfa.

'R Hwn sy'n peri'r mellt i hedeg,
  Ac yn rhodio brig y don,
Anfon saethau argyhoeddiadau
  I galonau'r oedfa hon;
Agor ddorau hen garcharau,
  Achub bentewynion tân;
Cwyd yr eiddil gwan i fyny,
  Dysg i'r mudan seinio cân.
                Amen.

8s & 7s.
Divine Worship.

He who darts the winged lightning,
  Walks upon the foaming wave;
Send forth arrows of conviction,
  Here exert his power to save;
Burst the bars of Satan's prison,
  Snatch the firebrand from the flame,
Fill the doubting with assurance,
  Teach the dumb to sing his name.
                Amen.

PRAYER.

116   MORIAH. M. 10. [8s & 7s.]

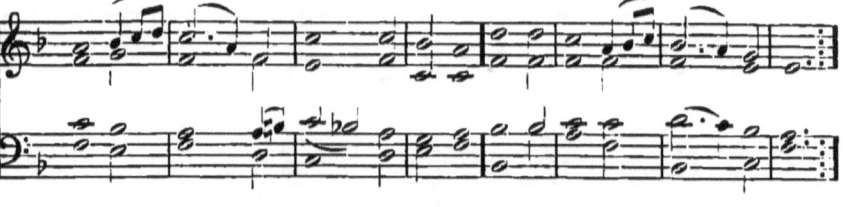

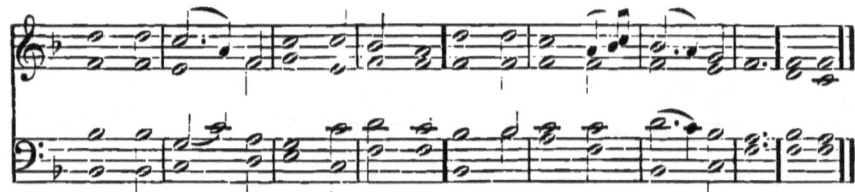

M. 10.

Gweddi.

Gosod babell yn ngwlad Gosen,
  Tyred, Arglwydd, yno'th hun ;
Gostwng o'r uchelder goleu,
  Gwna dy drigfa gyda dyn ;
Trig yn Seion, aros yno,
  Lle mae'r llwythau'n dod yn nghyd ;
Byth na 'mad oddiwrth dy bobl,
  Nes yn ulw elo'r byd.
                Amen.

8s & 7s.

Prayer.

Fix, O Lord, a tent in Goshen,
  Thither come, and there abide ;
Bow Thyself from light celestial,
  And with sinful man reside ;
Dwell in Zion, there continue,
  Where the holy tribes ascend ;
Do not e'er desert Thy people,
  Till the world in flames shall end.
                Amen.

DOXOLOGY.

Cyd uned holl drigolion llawr
  Gyda uwch nefolaidd gan,
I'r Hwn a fy, ac sydd yn awr
  Tad, y Mab a'r ysbryd Glân.

Praise the Father, earth, and heaven,
  Praise the Son, the Spirit praise ;
As it was, and is, be given
  Glory through eternal days.

EBENEZER.

117 NETTLETON. M. 10. [8s & 7s. Double.]

M. 10.

Ebenezer.

1 Tyred Awdwr gras a rhinwedd,
   Enyn ynwyf nefol dân ;
Ffrydiau diball o drugaredd
   Sydd yn galw am uchel gân ;
Cyfod, f'enaid, uwch cymylau,
   Rheswm a syniadau'r byd ;
Gosod fi ar fryn y bryniau,
   Bryn dy gariad pur a drud.

2 Yma codaf Ebenezer,
   Gras hyd yma'm daliodd I ;
Dysgwyl o'th ddaioni tyner,
   'Rwyf am ddod i'm cartref fry ;
Iesu a'm ceisiodd pan yn estron,
   Dug fy enaid caeth at Dduw ;
Efe, i'm dwyn o law'm gelynion,
   Dalodd waed o ddwyfol ryw.

8s & 7s. Double.

Ebenezer.

1 Come, Thou fount of every blessing,
   Tune my heart to sing Thy grace ;
Streams of mercy never ceasing,
   Call for songs of loudest praise ;
Teach me some melodious sonnet,
   Sung by flaming tongues above ;
Praise the mount—oh, fix me on it,
   Mount of God's unchanging love.

2 Here I raise my Ebenezer,
   Hither by Thy help I come ;
And I hope, by Thy good pleasure,
   Safely to arrive at home :
Jesus sought me when a stranger,
   Wand'ring from the fold of God ;
He, to save my soul from danger,
   Interposed his precious blood.

UNDER THE ROD.

118   DOLGELLAU. M. 10. [8s & 7s.]

M. 10.

Dan y wialen.

Dysg im' dewi gydag Aaron,
  Dan holl droion dyfnion Duw;
A dywedyd gydag Eli,
  "Gwnaed a fyno, f'Arglwydd yw;"
Bod fel Job yn amyneddgar,
  Ac heb dd'wedyd geiriau mawr;
'R Arglwydd sydd yn codi fyny,
  Ac Efe sy'n tynu lawr.
             Amen.

8s & 7s.

Under the Rod.

Teach me Aaron's thoughtful silence
  When corrected by the rod;
Teach me Eli's acquiescence,
  Saying, "Do Thy will, my God;"
Teach me Job's confiding patience,
  Dreading words from pride that flow,
For Thou, Lord, alone exaltest,
  And Thou only layest low.
             Amen.

LOVE.

119 ST. HILARY. M. 10. [8s & 7s.]

M. 10.
Cariad.

1 ANWELEDIG! 'r wy' n dy garu,
   Rhyfedd ydyw nerth dy ras!
Tynaist f'' enaid â'th hawddgarwch
   O'i bleserau pena i maes:
Ti wnest fwy mewn un mynydun,
   Nag a wnaethai'r byd o'r bron—
Enill it' eisteddfa dawel
   Yn y galon gareg hon.

2 Ac am hyny ti gei 'r enw,
   Ti gei 'r fuddugoliaeth lawn;
Ti gei 'r clod, y nerth, a'r gallu,
   A'r gogoniant fore a nawn:
Fe gaiff seintiau ac angylion,
   A cherubiaid pur yr un,
Seinio i maes i dragwyddoldeb
   It' wneyd pabell gyda dyn.
                        Amen.

Love.

1 LORD, with glowing heart I'd praise
   For the bliss Thy love bestows, [Thee
For the pardoning grace that saves me,
   And the peace that from it flows:
Help, O God, my weak endeavor;
   This dull soul to rapture raise:
Thou must light the flame, or never
   Can my love be warm'd to praise.

2 Praise, my soul, the God that sought
   Wretched wanderer, far astray; [thee
Found thee lost, and kindly brought
   From the paths of death away; [thee
Praise, with love's devoutest feeling,
   Him who saw thy guilt-born fear,
And, the light of hope revealing,
   Bade the blood-stain'd cross appear.
                        Amen.

THE SONG OF HEAVEN.

120 LUGANO. M. 10. [8s & 7s.]

M. 10.
Cân dragwyddol y nef.

1 GWLAD yw'r nef o sŵn gofidiau,
  Gwlad o ryfeddodau'n llawn,
  Gwlad lle mae fy hen gyfeillion
  Heddyw'n gwledda'n hyfryd iawn;
  Gwlad o gyrhaedd llid gelynion,
  Gwlad a chalon pawb mewn hwyl,
  Gwlad mae f' enaid am fod ynddi
  Gyda'r Iesu'n cadw gwyl.

2 Yno caf fi ddechreu hanes,
  Hanes o lawenydd pur,
  Fyth na chlywir diwedd arno
  Yn y baradwysaidd dir;
  Bob munudyn bydd yn dechreu
  Seinio 'i maes heb dewi sôn,
  Ddoniau maith, anfeidrol hyfryd,
  Croeshoeliedig addfwyn Oen.
              Amen.

8s & 7s.
Blessed Fold.

1 BLESSÉD fold! no foe can enter;
  And no friend departeth thence;
  Jesus is their sun, their centre,
  And their shield Omnipotence!
  Blesséd, for the Lamb shall feed them,
  All their tears shall wipe away,
  To the living fountains lead them,
  Till fruition's perfect day.

2 Lo! it comes, that day of wonder!
  Louder chorals shake the skies:
  Hades' gates are burst asunder;
  See! the new-clothed myriads rise!
  Thought! repress thy weak endeavor;
  Here must reason prostrate fall;
  Oh, the ineffable Forever!
  And the eternal All in All!
              Amen.

THE BIBLE.

121 ELLIOT. M. 11. [9s & 8s.]

M. 11.
Gair Duw.

1 O AGOR fy llygaid i weled
　Gogoniant dy arfaeth a'th air;
Mae'n well imi gyfraith dy enau,
　Na miloedd o arian ac aur;
Y ddaear a'n dân, a'i thrysorau,
　Ond geiriau fy Nuw fydd yr un;
Y bywyd trag'wyddol yw 'nabod,
　Fy Mhrynwr yn Dduw ac yn ddyn.

2 Rhyfeddod a bery'n ddiddarfod,
　Yw'r ffordd a gymerodd Efe,
I gadw pechadur colledig,
　Trwy farw ei hun yn ei le!
Fe safodd fy Mrenin ei hunan,
　Gorchfygodd awdurdod y ddraig,
Ein Samson galluog ni ydyw;
　O caned preswylwyr y graig.
　　　　　　Amen.

9s & 8s.
The Bible.

1 THE Bible is justly esteemed
　The glory supreme of the land;
Which shows how a sinner's redeemed
　And brought to Jehovah's right hand.
With pleasure shall we freely confess
　The Bible all books doth outshine:
But Jesus, oh, his person and grace
　Afford it that lustre divine.

2 The scheme of salvation is mighty
　To rescue lost sinners from hell;
He died for the sin of the guilty,
　The depth of his love who can tell!
He stood in the brunt of the battle,
　He alone our chastisement took;
Our Samson unconquered is He;
　Oh, sing ye that dwell on the rock.
　　　　　　Amen.

HOLY COMMUNION.

122 BRYNIAN CAERSALEM. M. 11. [9s & 8s.]

M. 11.

Cwpan y Cyfryngwr.

Fy Arglwydd a yfodd y cwpan,
  F'e gliriodd y gwaddod yn lân,
Am hyny mym f' enaid ei garu
  A'i ganmol trwy ddyblu fy nghân;
Er cymaint oedd angerdd ei boenau,
  Er maint ydoedd grym yr holl lid,
Gogoniant tragwyddol i'w enw,
  Fe yfodd y gwaddod i gyd.
        Amen.

9s & 8s.

He hath borne our Griefs.

The wrath of God, oh, He hath taken,
  Blood of his heart in mercy shed;
Yea, by this bread and wine the token,
  On Him through faith we now are fed;
Though his heart was in sorrow broken,
  Many the tears and great the pain,
And thus He was in grief forsaken,
  For us eternal life to gain.
        Amen.

THE CONQUEROR.

123 DE FLEURY. M. 12. [8s. Double.]

M. 12.

Y Buddugwr.

Pwy welaf o Edom yn d'od,
 Mil harddach na thoriad y wawr;
Yn sathru dan wadn ei droed,
 Elynion yn lluoedd i'r llawr.
Ei wisg wedi ei lliwio gan waed,
 Ei saethau a'i gleddyf yn llym;
Ei harddwch yn llenwi'r holl wlad,
 Yn ymdaith yn amlder ei rym.

8s. Double.

The Conqueror.

Who cometh from Edom with might,
 Far brighter than day at its dawn;
He routed and conquered his foes,
 And trampled the giants alone;
His garments were dyed with their blood,
 His sword and his arrows stood strong,
His beauty did fill the whole land,
 Whilst travelling in greatness along.

LOVELINESS OF CHRIST.

124 ST. ANDREW'S. M. 12. [8s. Double.]

M. 12.
Iawn digonol.

1 CYFLAWNWYD y gyfraith i gyd,
    Fe ddofwyd ei llid heb fy lladd;
Cyfiawnder, wrth hir ofyn iawn,
    Ei daliad yn gyflawn a ga'dd:
Cyfiawnder a'r gyfraith sy 'n awr
    Yn edrych i lawr yn ddi-lid,
A'r priodoliaethau mewn hedd
    Yn gwaeddi "Trugaredd" i gyd.

2 Caed ffynon o ddwfr a gwaed,
    I olchi rhai duon eu lliw,
Ac hefyd hi redodd yn rhad
    I'r ardal lle 'r oeddwn i 'n byw:
Er cymaint o rwystrau ga'dd hon,
    Grym arfaeth a'i gyrodd yn mlaen,
I olchi tŷ Dafydd o'r bron,
    Jerusalem hefyd ddaw 'n lan.
            Amen.

8s. Double.
Altogether Lovely.

1 My gracious Redeemer I love,
    His praises aloud I 'll proclaim,
And join with the armies above,
    To shout his adorable name.
To gaze on his glories divine
    Shall be my eternal employ;
To see them incessantly shine,
    My boundless, ineffable joy.

2 He freely redeemed with his blood,
    My soul from the confines of hell,
To live on the smiles of my God,
    And in his sweet presence to dwell:
To shine with the angels in light,
    With saints and with seraphs to sing,
To view, with eternal delight,
    My Jesus, my Saviour, my King!
            Amen.

SION ABOVE.

125   ABERAMAN. M. 12. [8, 8.]

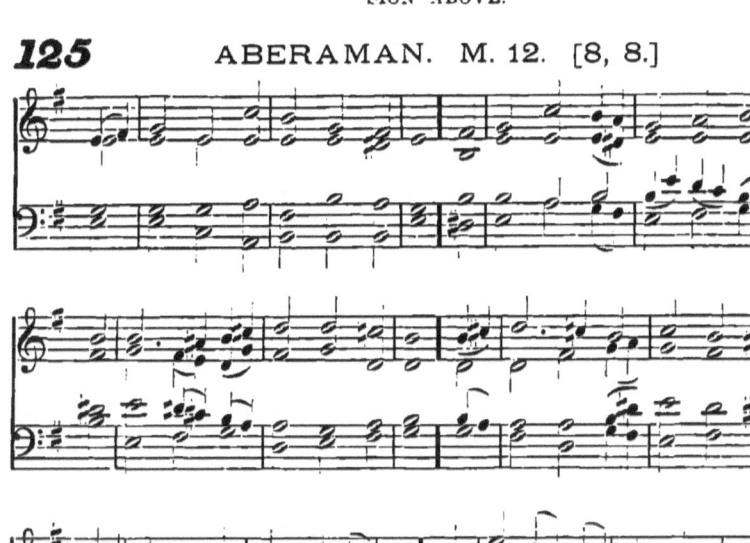

M. 12.

Awydd gwefed diwedd y daith.

1 WRTH gofio'r Jerusalem fry,
   Y ddinas, preswylfa fy Nuw,
   Y saint a'r angelion y sy'
   Yn canu caniadau bob rhyw;
   Ac yno mae 'nhrysor i gyd,
   'Nghyfeillion a'm brodyr o'r bron,
   Fy nghalon sy'n brefu o hyd
   Am fyned yn fuan i hon.

2 Fy enaid sychedig y sydd,
   Wrth deithio dros fryniau mor faith
   Yn dysgwyl yn dawel bob dydd
   Gyfarfod a diwedd fy nhaith;
   Fel darfo fy ngofid a'm gwae,
   Fy nhrallod, fy mlinder a'm poen,
   A dechreu 'ngorfoledd di-drai,
   Caniadau tragwyddol yr Oen.
                           Amen.

8, 8.

Home to Sion.

1 WHEN I think, O Salem, of thee,
   The city, the home of my God,
   The saints and the angels so free,
   Who will sing the song of the blood,
   My treasures, my all, and my God.
   My friends and my wealth which are
   Oh, sadness and sorrow will flood [there,
   When I think of thy portals fair.

2 How tedious and tasteless the hours,
   When Sion I'm pressing to see;
   The woodland, the fields, and the flow'rs
   Have nothing enticing to me;
   As my pain, my sorrow shall cease,
   And I shall not languish and pine,
   Thy wonders and kindness I'll trace,
   And shall sing thy glory divine.
                           Amen.

I

HOUR OF PRAYER.

126 SWEET HOUR. M. 12. [8,8.]

M. 12.

Pr awr weddi.

1 Awr weddi hyfryd, felus awr,
Ti godi f'enaid uwch y llawr;
Ti'm gelwi at yr orsedd rad,
I ddweyd fy angenion wrth fy Nhad:
Mewn tralloddwys,—cyfyngder caeth,
Gwaredwyd f'enaid lawer gwaith,
A'm traed rhag maglau uffern fawr,
Trwy'th ail ddyfodiad, felus awr.

2 Awr weddi hyfryd, felus awr,
Fy ngweddi dwg at Dduw yn awr;
Ei air a roes yn sylfaen gref
Gwrandewir pawb a'i ceisiant ef;
Os ydyw'n galw arna' i'n ddwys,
I gredu ei air—rhoi arno 'mhwys,
Mewn llwyr ymddiried ynddo'n awr,
Disgwyliaf di, hoff' felus awr.

8, 8.

Sweet Hour.

1 Sweet hour of prayer! sweet hour of [prayer!
That calls me from a world of care,
And bids me, at my Father's throne,
Make all my wants and wishes known:
In seasons of distress and grief,
My soul has often found relief,
And oft escaped the tempter's snare,
By thy return, sweet hour of prayer!

2 Sweet hour of prayer! sweet hour of [prayer!
Thy wings shall my petition bear
To Him whose truth and faithfulness
Engage the waiting soul to bless:
And, since He bids me seek his face,
Believe his word, and trust his grace,
I'll cast on Him my every care,
And wait for thee, sweet hour of pray'r!

CHRIST COMING FROM EDOM.

127 ARABIA. M. 12. [8, 8.]

M. 12.
Crist yn dyfod o Edom.

1 Pwy welaf o Edom yn dôd?
　Mil harddach na thoriad y wawr,
Yn sathru dan wadn ei droed
　Elynion yn lluoedd i'r llawr;
Ei wisg wedi ei lliwio gan waed,
　Ei saethau a'i gleddyf yn llym,
A'i harddwch yn llanw'r holl wlad,
　Yn ymdaith yn amlder ei rym.

2 Fe gododd i fyny ei law,
　Ymladdodd, enillodd y dydd,
Ei holl waredigion a ddaw,
　A'r caethion a roddir yn rhydd;
Enillod fath goncwest trwy waed,
　Mae ganddo lywodraeth mor fawr,
Hyd eithaf trigfanau ei Dad,
　Mae'n cyraedd o'r nefoedd i'r llawr.
　　　　　　Amen.

8, 8.
Christ coming from Edom.

1 Who is He that comes from Edom,
　With all his raiment stained with blood,
Mighty Victor, who brings freedom,
　Scattering and bestowing good?
See the blood his raiment staining;
　It is the blood of many slain;
Of his foes there's none remaining,
　No, none the contest to maintain.

2 The conqueror! see how glorious
　To all the people is the sight!
Comes the Saviour, now victorious,
　Travelling onward in his might!
He who gave himself to save us,
　For us the victory has won,
And of the blood, gift so precious,
　Oh, we will sing what He has done.
　　　　　　Amen.

DESIRE FOR HEAVEN.

128   IONA. M. 13. [S. M. D.]

M. 13.
Hiraeth am y nef.

1 Fy ngweddi, dos i'r nef,
   Yn union at fy Nuw,
A dywed wrtho ef yn daer,
   "Atolwg, Arglwydd, clyw;
Cyflawna'th 'ddewyd wych,
   I'm dwyn i'r nefoedd wen;
Yn Salem fry par'to fy lle,
   Mewn llys tu fewn i'r llen.

2 "Yn nglyn wylofain trist,
   Lle bu fy Nghrist 'rwy'n byw;
Ac wrth ryfela a'm gelyn caeth,
   Fy nghalon aeth yn friw;
Iacha bob clwyf a brath,
   A dail y bywiol bren;
Yn Salem fry par'to fy lle,
   Mewn llys tu fewn i'r llen."
                   Amen.

S. M. D.
Longing for Heaven.

1 DIRECT unto my God,
   With speed, my cry ascend;
Present to Him this urgent plea:—
   "In mercy, Lord, attend!
Fulfil Thy gracious word,
   To bring me to Thy rest;
In Salem soon my place prepare,
   And make me ever blest!

2 "Down in a vale of tears,
   Where dwelt my Christ, I mourn,
And in the conflict with my foes,
   My tender heart is torn;
Oh, heal each bleeding wound
   With Thy life-giving tree;
In Salem, Lord, above the strife,
   A place prepare for me."
                   Amen.

FOREVER.

129 NEARER HOME. M. 13. [S. M. D.]

M. 13.
Nesu adref.

1 Mor agos ambell waith
  I dreiddiol olwg ffydd
 Yw tŷ fy Nhad, a phen fy nhaith,
  A thoriad nefol ddydd!
 Wyf yma heb fy Naf,
  Yn mhell o'm nefol wlad,
 Er hyn, bob nos, fy mhabell wnaf
  Yn nes i dŷ fy Nhad.

2 Yn wastad gyd a'm Duw,
  Fy Nhad, boed hyn i mi,
 A gad im' yma hefyd fyw
  Yn agos atat Ti;
 Wyf yma heb fy Naf,
  Yn mhell o'm nefol wlad,
 Er hyn, bob nos, fy mhabell wnaf
  Yn nes i dŷ fy Nhad.

3 Pan rwygo'r llen yn ddwy,
  O dan fy olaf chwyth,
 Nid angeu fydd fy angeu mwy,
  Ond bywyd bery byth;
 Wyf yma heb fy Naf,
  Yn mhell o'm nefol wlad,
 Er hyn, bob nos, fy mhabell wnaf
  Yn nes i dŷ fy Nhad. Amen.

S. M. D.
Forever.

1 "Forever with the Lord!"
  So, Jesus, let it be;
 Life from the dead is in that word;
  'T is immortality.
 Here, in the body pent,
  Absent from Thee I roam:
 Yet nightly pitch my moving tent
  A day's march nearer home.

2 My Father's house on high,
  Home of my soul! how near,
 At times, to faith's aspiring eye,
  Thy golden gates appear!
 "Forever with the Lord!"
  Father, if 't is Thy will,
 The promise of Thy gracious word
  Ev'n here to me fulfil.

3 So, when my latest breath
  Shall rend the vail in twain,
 By death I shall escape from death,
  And life eternal gain.
 Knowing as I am known,
  How shall I love that word,
 And oft repeat before the throne,
  "Forever with the Lord!" Amen.

WHO IS GONE INTO HEAVEN.

130   OLD 25. M. 13. [S. M. D.]

M. 13

Cefnogaeth i fyned yn mlaen.

1 Mi welaf fyrdd dan sel,
   Fu 'n ofni fel fy hun,
Oll wedi dringo 'r creigiau serth
   I gyd trwy nerth yr Un;
Yn canu 'r ochr draw,
   Heb arnynt fraw na phoen,
Ganiadau hyfryd Calfari,
   Dyoddefaint addfwyn Oen.

2 'Rwyf yn terfynu 'nghred,
   'Nol pwyso oll yn nghyd,
Mai cyfnewidiol ydyw dyn,
   Ond Duw sy 'r un o hyd:
Ar ei addewid Ef,
   Sy 'n noddfa gref i'r gwan,
Mi gredaf do 'i 'mhen gronyn bach,
   O'r tonau 'n iach i'r lan.

3 Cyflawnir gair fy Nuw,
   A deued fel y dêl,
Can's holl amcanion nefoedd fry
   Bob sillaf sy' dan sel;
Ac ar ei air a'i nerth,
   A dwyfol werth ei waed,
Trwy bob gelynion af yn hy'
   I mewn i dy fy Nhad.   Amen.

S. M. D.

Who is Gone into Heaven.

1 Thou art gone up on high,
   To realms beyond the skies;
And round Thy throne unceasingly
   The songs of praise arise:
But we are lingering here,
   With sin and care oppressed;
Lord, send Thy promised Comforter,
   And lead us to our rest.

2 Thou art gone up on high;
   But Thou didst first come down,
Through earth's most bitter misery,
   To pass unto Thy crown;
And girt with griefs and fears
   Our onward course must be;
But only let this path of tears
   Lead us at last to Thee.

3 Thou art gone up on high;
   But Thou shalt come again,
With all the bright ones of the sky
   Attendant in Thy train.
Lord, by Thy saving power,
   So make us live and die,
That we may stand in that dread hour
   At Thy right hand on high. Amen.

CONFIDENCE IN GOD.

131 ST. LLECHID. M. 13. [S. M. D.]

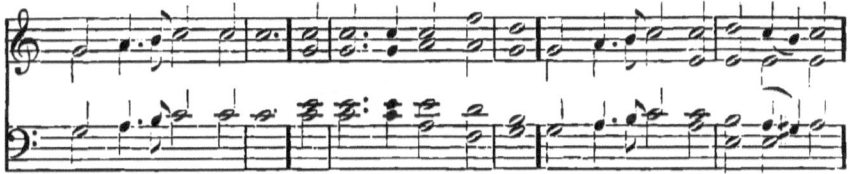

M. 13

Hyder yn Nuw.

1 Fy enaid dos yn mlaen,
   'Dyw 'r bryniau sy' ger llaw
Un gronyn uwch, un gronyn mwy
   Na hwy a gwrddaist draw;
Dy anghrediniaeth caeth,
   A'th ofnau maith eu rhi',
Sy'n peri it' feddwl rhwystrau ddaw
   Yn fwy na rhwystrau fa.

2 Yr un yw nerth fy Nuw,
   A'r un yw geiriau 'r nef,
'R un gras a'r un ffyddlondeb sy'
   'N cartrefu ynddo Ef;
A thrwy ei air a'i nerth,
   A gwerth y Dwyfol waed,
Af trwy fy holl elynion hyf
   I mewn i dy fy Nhad.
             Amen.

S. M. D.

Confidence in God.

1 MARCH on, my soul, to rest
   For weary souls designed,
Where not a care shall stir thy breast;
   There entrance thou shalt find.
It is thy unbelief
   That makes thee doubt and stand
And waste away, with pain and grief,
   The time at thy command.

2 God is always the same,
   The words of Heaven are true
To all who trust his faithful name,
   To bring them safely through.
Then through his strength and word,
   The grace that He has given,
And by the merits of his blood,
   I'll reach my home in heaven.
             Amen.

VICTORIOUS GRACE.

132 ST. BARNABAS. M. 13. [S. M. D.]

M. 13.
Gras yn gorchfygu.

1 O! ARGLWYDD tyr'd i lawr,
  Mae'n frwydr chwerw iawn
O foreu las-dydd (heb ei hail)
  Hyd fachlud haul brydnawn;
Dod râs i nerthu'r gwan,
  A dal fi i'r lan yn gryf
Dan demtasiynau, genllif llawn
  Sy' a'u tònau heb ddim rhif.

2 Mae'm beiau 'n fawr eu grym,
  Megys rhyw fyddin gref
Yn sefyll, fel y creigydd serth,
  Yn erbyn nerth y nef;
Tyr'd, anorchfygol râs,
  Meddianna'r maes yn awr,
A thôr elynion mawr eu llid
  Yn gryno i gyd i'r llawr.
    Amen.

S. M. D.
Victorious Grace.

1 LORD, oh, now come to me,
  For I am sorely pressed;
Fainting, I cry, Jesus, come
  And help me to my rest.
Spirit of grace now turn,
  My foes from me to flee;
In battle sore my heart do yearn
  O Lord, my God, to Thee.

2 My sins, like foes, are near,
  Heavy and toilsome load, [drear
They halt my steps through desert
  To reach the saints' abode:
Lord, come, and show Thy grace,
  The foes with haste outcast,
Give me, all through, Thy shining face,
  And bring me home at last.
    Amen.

PRAISE.

133   KIRBY. M. 15. [8, 8, 8.]

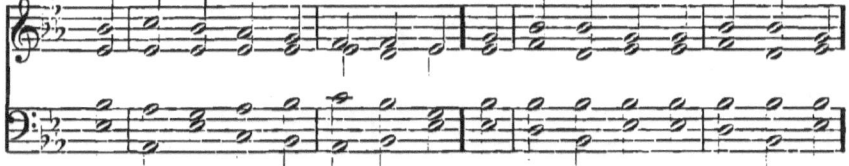

M. 15.

Mawl.

1 Chwi weision Duw, molwch yr Ion,
Molwch ei enw â llafar dôn;
  Bendigaid fyddo'i enw Ef;
O godiad haul hyd fachlud dydd,
Mawr enw'r Ion molianus fydd
  Yn y byd hwn ac yn y nef.

2 Doed bellach holl dylwythau 'r byd
Or gogledd, dwyrain, de, yn nghyd,
  Cânent ei ichawdwriaeth ef.
Dadseinied holl derfynan 'r byd,
Ac aur delynau 'r nef yn nghyd,
  No thawont tra b'o nef y nef.
                Amen.

8, 8, 8.

Praise.

1 Ye saints and servants of the Lord,
The triumphs of his name record,
  His sacred name forever bless;
Where'er the circling sun displays
His rising beams, or setting rays,
  Due praise to his great name address.

2 Sing out, ye saints of God, and praise
The Lamb who died his flock to raise
  From sin and everlasting woe;
With angels round the throne above,
Oh, tell the wonders of his love,
  The joys that from his mercy flow.
                Amen.

THE REIGN OF JESUS.

134 RHOSYN SARON. M. 15. [8, 8, 8.]

M. 15.
Llywodraeth Crist.

1 Mae agoriadau nef y nef
  Yn crogi wrth ei wregys Ef,
    Angau ac uffern fawr yn nghyd;
  Yr orsedd fawr—a'r goron wèn,
  Sy'n awr yn ddysglaer ar ei ben,
    Enillodd drwy ei angau drud.

2 Am waith ei gariad ar y groes
  Molienir Ef o oes i oes,
    Tra byddo cyfrif oesau'n bod;
  Digrifwch pur y nef a'i gwaith,
  Hyd eithaf tragwyddoldeb maith,
    Fydd edrych arno a chanu'i glod.
               Amen.

8, 8, 8.
Reign of Jesus.

1 The powers of the highest heaven,
  The keys of death and hell, are given
    To Him that died on Calvary;
  The brightest throne, the crown with
  His head bedeck'd with diadems,[gems,
    Are laurels of his victory.

2 For his great work to save the lost,
  Rejoice, ye saints, with God's great hosts,
    Till heav'n and earth shall be no more;
  And join the praise of this grand throng,
  Who with their everlasting song
    The Lamb of Calvary adore.
               Amen.

THE GIFT OF HEAVEN.

135   TALARFON. M. 15. [8, 8, 8.]

M. 15.
Moliant yr Iôn.

1 Chwi weision Duw, molwch yr Iôn,
  Molwch ei enw â llafar dôn,
    Bendigaid fyddo 'i enw Ef;
  O godiad haul hyd fachlud dydd,
  Mawr enw'r Iôn molianus fydd,
    Yn y byd hwn ac yn y nef.

2 Dyrchafodd Duw uwch yr holl fyd,
  A'i foliant aeth uwch nef i gyd,
    Pwy sy' gyffelyb i'n Duw ni?
  Yr hwn a breswyl yn y nef,
  I'r ddaear ymddarostwng Ef,
    Gwêl Ef ein cam, clyw Ef ein cri.

3 Trwy'r nef y trysor penaf yw
  Anfeidrol rinwedd gwaed fy Nuw,
    Holl sylwedd y caniadau i gyd;
  A dyna'r gwaed a roddodd Iawn
  I eithaf llym gyfiawnder llawn,
    Fy hedd a'm cysur yn y byd.

4 Trwy rinwedd hwn caf dawel fyw,
  Uwch brâd gelynion o bob rhyw,
    O swn pob trafferth a phob gwae;
  A threulio tragwyddoldeb mwy
  I ganu am ei ddwyfol glwy'.
    Mewn anthem fythol i barhau.
        Amen.

8, 8, 8.
The Gift of Heaven.

1 From highest heaven th' Eternal Son,
  With God the Father ever One,
    Came down to suffer and to die;
  For love of sinful man He bore
  Our human griefs and troubles sore,
    Our load of guilt and misery.

2 Sing out, ye saints of God, and praise
  The Lamb who died his flock to raise
    From sin and everlasting woe;
  With angels round the throne above,
  Oh, tell the wonders of his love,
    The joys that from his mercy flow.

3 In darkest shades of night we lay,
  Without a beam to guide our way,
    Or hope of aught beyond the grave:
  But He hath brought us life and light,
  And opened heaven to our sight,
    And lives forever, strong to save.

4 Rejoice, ye saints of God, rejoice;
  Sing out, and praise with cheerful voice
    The Lamb whom heaven and earth
  To Him who gave his only Son, adore:
  To God the Spirit, with them One,
    Be praise and glory evermore.
        Amen.

HEAVEN.

136 ST. ALWEN. M. 16. [8, 8, 6.]

M. 16.

Cyfarfod yn y Nef.

1 Os rhaid gwahanu'n awr am dro,
  Mae'n felus iawn cael dwyn i go'
    Gyfarfod pur y nef;
  Lle cawn gydwledda'n ddiwahân,
  Yn nghwmni'r Oen â'r engyl glân,
    A chanu "Iddo Ef."

2 Mae yno bawb ar newydd wedd,
  Yn llon o hyd a llawn o hedd,
    A'u cân am farwol glwy';
  Yn dorf ddirif a'u llestri'n llawn
  O bur ddedwyddwch nefol iawn,
    Heb raid ymadael mwy.

3 Cymhwysa ninau, Arglwydd mawr,
  I uno â'r dyrfa uwch y llawr
    Heb ofni poen a gwae;
  A threulio ein tragwyddol oes
  Yn nghwmni'r Gŵr fu ar y groes,
    A'i weled fel y mae.
            Amen.

8, 8, 6.

How Sweet to Meet in Heaven.

1 Oh, we shall now depart in love,
  And think how sweet to meet above,
    The songs of heaven to sing,
  Where's no corroding care nor pain,
  And where we ne'er shall part again,
    Where Christ his glory brings.

2 There all the saints are dress'd in white,
  With brightest joy in heavenly light,
    Singing of his great love; [mirth,
  Mingling their songs with heav'nly
  And drawing life from Jesus's death,
    E'er in the world above.

3 Oh, make us ready, Lord, to sing
  This song of love, and tributes bring,
    And leave this world so gross,
  To spend our everlasting days
  In the triumphant heavenly lays
    Of glory to the cross.
            Amen.

THE CHURCH.

137 TADMOR. M. 16. [8, 8, 6.]

M. 16.
"Pwy yw hon."

1 O! Pwy yw hon sy'n dod yn hy',
  Yn lew i'r lan, fel rhwng dau lu,
    O'r dywell Aiphtaidd wlad,
  Gan roddi pwys ei henaid pur,
  Ar Iesu gwiw, 'r Messia gwir,
    Ei ffrynd a'i Phrynwr rhad?

2 O'r dyfnder dû i'r lan y daeth,
  Tua 'r wlad sy'n llifo o fêl a llaeth,
    Yr etifeddiaeth fras;
  Yn llawn o hedd mae'n awr mewn hwyl,
  Ar nefol gainc yn cadw gwyl,
    Am dd'od o'r Aipht i maes.

3 Fel boreu wawr fe welir hon;
  Teg fel y lloer ei gwyneb llon,
    Mewn cariad, gras a hedd:
  Fel haul heb un brycheuyn du,
  Ofnadwy fel banerog lu:
    On'd hyfryd yw ei gwedd?

4 Duw sy iddi 'n blaid, hi ga 'dd o'i blaen
  Y cwmwl niwl a'r golofn dân,
    Eneiniad yr holl saint;
  Hi ŵyr y ffordd i'r Ganaan draw,
  Ni chyfeiliorna ar un llaw,
    Nes cael meddianu 'r fraint.
          Amen.

8, 8, 6.
Love Divine.

1 O LOVE divine, how sweet Thou art!
  When shall I find my willing heart
    All taken up by Thee?
  I thirst, I faint, I die to prove
  The greatness of redeeming love,
    The love of Christ to me!

2 Stronger his love than death or hell;
  Its riches are unsearchable;
    The first-born sons of light
  Desire in vain its depths to see;
  They cannot reach the mystery,
    The length and breadth and height.

3 God only knows the love of God;
  Oh, that it now were shed abroad
    In this poor stony heart!
  For love I sigh, for love I pine:
  This only portion, Lord, be mine,
    Be mine this better part.

4 Forever would I take my seat
  With Mary at the Master's feet,
    Be this my happy choice;
  My only care, delight, and bliss,
  My joy, my heaven on earth, be this,
    To hear the Bridegroom's voice.
          Amen.

CALVARY.

138 INSPRUCK. M. 16. [8, 8, 6.]

M. 16.
Eden a Chalfaria.

1 Yn Eden, cofiaf hyny byth,
Bendithion gollais rif y gwlith,
 Syrthiodd fy nghoron wiw;
Ond buddugoliaeth Calfari,
Enillodd fwy yn ol i mi,
 Mi ganaf tra b'wyf byw.

2 Ar Galfari yn ngwres y dydd,
Y caed y gwystl mawr yn rhydd,
 Trwy golli gwaed yn lli';
Ac yno talu anfeidrol Iawn,
Nes clirio llyfrau 'r nef yn llawn,
 Heb ofyn dim i mi.

3 Dros f' enaid i bur addfwyn Oen,
Fel hyn yn dyoddef dirfawr boen,
 I'm gwneyd yn rhydd yn wir;
'Roedd yn ei fryd orphenu 'r gwaith
O eithaf tragwyddoldeb maith,
 O f' enaid, cofia 'i gur!
    Amen.

8, 8, 6.
Happy in Christ.

1 O Lord, how happy should we be
If we could cast our care on Thee,
 If we from self could rest;
And feel at heart that One above
In perfect wisdom, perfect love,
 Is working for the best.

2 How far from this our daily life,
How oft disturbed by anxious strife,
 By sudden wild alarms;
Oh, could we but relinquish all
Our earthly props, and simply fall
 On Thine Almighty arms!

3 Could we but kneel and cast our load,
E'en while we pray, upon our God,
 Then rise with lightened cheer;
Sure that the Father, who is nigh
To still the famished raven's cry,
 Will hear in that we fear.
    Amen.

GLORY IN THE CROSS.

139   DANVILLE. M. 17. [2, 8.]

M. 17.

Gorfoledd y Saint.

1   Bydd, bydd,
      Rhyw ganu peraidd iawn ryw ddydd,
      Pan ddelo'r caethion oll yn rhydd;
      Fe droir eu ffydd yn olwg fry,
      Cydunant byth heb dewi a sôn
      I foli'r Oen fu ar Galfari.

2   Ond gwledd
      Sydd eto'n bod tu draw i'r bedd,
      Dros byth i'w chael i'r gwael en gwedd;
      Lle bydd caniadau maith di ri,
      I bara beunydd yn ddi-boen,
      Gan foli'r Oen fu ar Galfari.
                      Amen.

2, 8.

Glory in the Cross.

1   There, there,
      In the celestial realms so fair, [care,
      When slave-bound saints are free from
      And will in heavenly circles move,
      Then in the everlasting throng
      They'll sing the song of Jesus's love.

2   Gain, gain,
      Forever free, without a pain,
      In perfect peace they shall remain;
      They once so poor shall come to see
      That they have now an heavenly wealth
      Through Jesus's death on Calvary.
                      Amen.

ABIDE WITH ME.

140   EVENTIDE. M. 19. [10. 4 lines.]

M. 19.

Aros gyda mi.

1 O! aros gyda mi, y mae 'n hwyrhau,
   Tywyllwch, Arglwydd, sydd o'm deutu
     'n cau;
   Pan gilia pob cynhorthwy, O bydd Di,
   Cynhorthwy pawb, yn aros gyda mi.

2 Cyflym ymgilia dydd ein bywyd brau,
   Llawenydd, mawredd daear sy'n pell-
     hau;
   Newid a darfod y mae 'r byd a'i fri;
   O! 'r Digyfnewid, aros gyda mi.

3 Nid fel ymdeithydd Arglwydd, ar ei
     daith,
   Ond aros gyda mi dros amser maith;
   Fel dy ddysgyblion gynt, moes wel'd
     dy wedd,
   Yn llawn tiriondeb pur a dwyfol
     hedd.

4 Mae arnaf eisieu 'th wyneb ar bob awr,
   'Does ond dy ras ddyrysa 'r temtiwr
     mawr:
   Pwy all fy arwain, Arglwydd, fel Tydi?
   Bob dydd a nos, O! aros gyda mi.

5 Nid ofnaf neb pan fyddi di gerllaw;
   Ni theimlaf ddim o ingoedd poen a
     braw: [bedd?
   Pa le mae colyn angeu? p'le mae 'r
   Gorchfygaf hwynt os caf ond gwel'd
     dy wedd.

          Amen.

10. 4 lines.

Abide with Me.

1 Abide with me! Fast falls the eventide,
   The darkness deepens—Lord, with me
     abide!   [flee,
   When other helpers fail, and comforts
   Help of the helpless, oh, abide with me!

2 Swift to its close ebbs out life's little day,
   Earth's joys grow dim, its glories pass
     away;
   Change and decay in all around I see;
   O thou, who changest not, abide with me!

3 I need thy presence every passing hour,
   What but thy grace can foil the
     tempter's power?
   Who, like thyself, my guide and stay
     can be?
   Through cloud and sunshine, oh, abide
     with me!

4 Not a brief glance I long, a passing
     word;   [Lord,
   But as thou dwell'st with thy disciples,
   Familiar, condescending, patient, free,
   Come, not to sojourn, but abide, with me!

5 Hold thou thy cross before my closing
     eyes;   [to the skies;
   Shine through the gloom, and point me
   Heaven's morning breaks, and earth's
     vain shadows flee!
   In life, in death, O Lord, abide with me!

          Amen.

141. PILGRIM'S SONG. M. 19. [10. 4 lines.]

M. 19.
Galwad ar y Pererin.

1 Fy enaid! c'od, sefydla'th wamal fryd,
Myn'd heibio mae pleserau penn 'r byd;
O! dring i fynu, ac anghofia 'n awr
Bob peth a enw 'r Ddaear yma 'n fawr.

2 Draw, draw, yn mhell tu hwnt i'r tywyll fedd,
Mae'th gysur oll, dy bleser a dy hedd;
Mae Iesu yno—ef ei hunan yw
Y cwbl feddaf byth i farw a byw.

3 Ffarwel i'r oll a welaf is y ne',
Ond im' gael Duw yn unig yn eu lle;
Mae fy nymuniad yn terfynu 'n un,
Heb ddim yn eisieu, ynddo Ef ei hun.
Amen.

10. 4 lines.
Pilgrim's Song.

1 WEARY of earth, and laden with my sin,
I look at heav'n and long to enter in,
But there no evil thing may find a home;
And yet I hear a voice that bids me "Come."

2 The while I fain would tread the heavenly way,
Evil is ever with me, day by day;
Yet on mine ears the gracious tidings fall,
"Repent, confess, thou shalt be loosed from all."

3 Yea, Thou wilt answer for me, righteous Lord; [ward;
Thine all the merits, mine the great reward;
Thine the sharp thorns, and mine the golden crown, [down.
Mine the life won, and Thine the life laid down.
Amen.

ABIDE WITH ME.

142   BANBURY. M. 19. [10. 4 lines.]

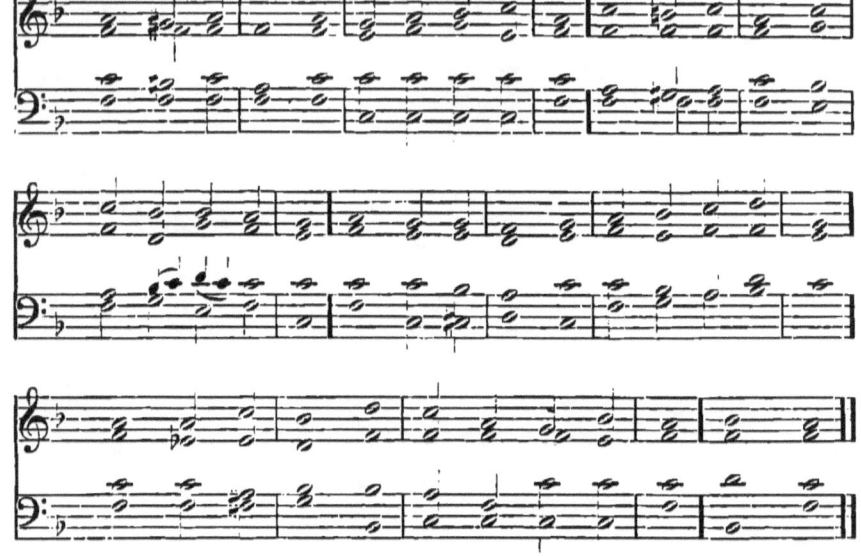

M. 19.

Arfaeth Duw.

1 Cyn llunio'r byd, cyn lledu'r nefoedd wên,
Cyn gosod haul na lloer na sêr uwch ben,
Fe drefnwyd ffordd, yn nghynghor Tri yn Un,
I achub gwael golledig, euog ddyn.

2 Trysorwyd gras, ryw anherfynol stôr,
Yn Iesu Grist cyn rhoddi deddf i'r môr;
A rhedeg wnaeth bendithion arfaeth ddrud,
Fel afon gref lifeiriol dros y byd.

3 Mae'r udgorn mawr yn seinio'n awr i ni
Ollyngdod llawn, trwy'r Iawn ar Galfari;
Mawl yn mhob iaith, trwy'r ddaear faith a fydd,
Am angeu'r groes a'r gwaed a'n rhoes yn rhydd.
                        Amen.

10. 4 lines.

Abide with me.

1 ABIDE in me, O Lord, and I in Thee,
From this good hour, oh, leave me nevermore;
Then shall the discord cease, the wound be healed, [o'er.
The life-long bleeding of the soul be

2 Abide in me; o'ershadow by Thy love
Each half-formed purpose and dark thought of sin;
Quench ere it rise, each selfish, low desire, [and divine.
And keep my soul as Thine,—calm

3 As some rare perfume in a vase of clay,
Pervades it with a fragrance not its own,
So, when Thou dwellest in a mortal soul,
All heaven's own sweetness seems around it thrown.
                        Amen.

UNITY.

143 CLOD. M. 19. [10. 4 lines.]

M. 19.

Undeb yr Eglwys.

1 MAE eglwys Dduw,
   Trwy 'r ddae'r a'r nef yn un,
Y meirw a'r byw,
   A'u cydsain yn gytûn;
"Teilwng yw 'r Oen,"
   Medd seintiau yn y nef—
"Teilwng yw 'r Oen,"
   Yw 'n llafar ninau a'n llef.

2 Darfydded sôn
   Am bob ymryson mwy—
Partïol farn,
   A rhagfarn, lawr a hwy;
Doed ysbryd hedd,
   Tangnefedd yn eu lle,
A chariad pur,
   O'r cariad sy yn y ne'.
              Amen.

10. 4 lines.

Unity in the Church.

1 THROUGH heaven and earth
   The church of God will sing,
Living and the dead will
   Their tribute bring;
"Worthy the Lamb,"
   The highest note above
Should move our hearts
   To sing "Worthy his love."

2 Party contention and
   Dispute and strife
Will all be swept away
   By higher life.
The wealth of love
   Which our Lord has given,
Shall deluge the earth
   With the peace of heaven.
              Amen.

THE THRONE OF GRACE.

144 ERFYNIAD. M. 19. [10. 4 lines.]

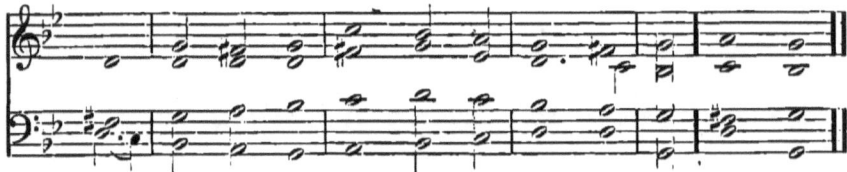

M. 19.
Llef am adnewyddiad.

1 At orsedd gras mi af i ddweyd fy nghwyn;
Bydd im', O Dduw, yn Dad a Cheidwad mwyn:
O cadw fi o rwydau 'r gelyn cûs,
Dan gysgod nawdd dy annherfynol ras.

2 O cofia 'r hedd rai prydiau roist i lawr,
I'm henaid trist, mewn cyfyngderau mawr;
Rho eto nerth, y mae fy enaid gwan,
Gan rym y don, yn methu d'od i'r lan.

3 Mi ro'wn y byd, a'r oll sydd ynddo 'n awr, [awr;
Am dy fwynhau un fynyd fach o'r
Mae golwg arnat lawer iawn yn well
Na llawnder holl drysorau 'r gwledydd pell.

Amen.

10. 4 lines.
The Throne of Grace.

1 The throne of grace is on our homeward way,
To it we'll come, and will in secret pray;
Be Thou, our God, our Father, Saviour, dear;   [not fear.
And there, beneath Thy wing, we shall

2 Grant us Thy peace through every day and night;
For us the darkest hour turn to light;
In harm and danger make Thy children brave,   [wave.
In wildest tempest let them ride the

3 I'd give the world, its honor and its strife,   [only life;
For the sweet balm and joy of heav-
We stand to bless Thee ere our worship cease,
And lowly wait for Thine eternal peace.

Amen.

DEPTH OF WISDOM.

145 Y RHOSYN OLAF. M. 20. [11s.]

M. 20.

Dyfnder Doethinel.

1 O! DDYFNDER diwaelod,
 Cyfamod a threfn,
Yr arfaeth dragwyddol
 Sydd ddyfnder drachefn;
Rhagoddef, rhagweled
 Mai syrthio wnai dyn,
Ac ethol Gwaredwr
 Tragwyddol ei hun.

2 O! ddyfnder, pwy fesur
 Ddoethineb y ne'?
Cyfamod tragwyddol
 Ni syflir o'i le;
Gosodwyd y sylfaen,
 Mor gadarn yw'r graig,
Ti, Arglwydd y lluoedd,
 A dd'rysodd y ddraig.
  Amen.

11s.

Depth of Wisdom.

1 How deep in foundation
 The covenant of God!
How wise is the counsel
 Of my blessed Lord.
Before the creation,
 The fall was foreseen,
And salvation prepared
 For sinners unclean.

2 Unfathomable deep is
 The wisdom of heaven;
To the council eternal
 No date can be given.
Like rocks in the ocean,
 It never will shake,
He'll never, no, never,
 His promise forsake.
  Amen.

PEACE IN THE BLOOD.

146 JOANNA. M. 20. [11s.]

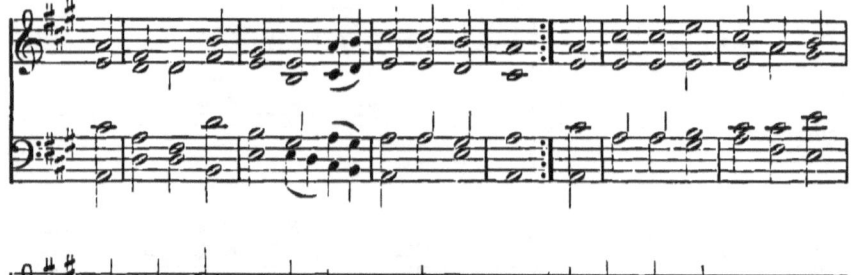

M. 20.

Heddwch trwy 'r gwaed.

1 O! GARIAD! O gariad!
　Anfeidrol ei faint,
Fod llwch mor annheilwng
　Yn cael y fath fraint:
Cael heddwch cydwybod
　A'i chanu trwy 'r gwaed,
A chorff y farwolaeth,
　Sef llygredd, tan draed.

2 Nis gallai 'r holl foroedd
　Byth olchi fy mriw,
Na gwaed y cre'duriaid,
　Er amled eu rhyw;
Ond gwaed y Messia
　A'm gwella 'n ddiboen—
Rhyfeddol yw rhinwedd
　Marwolaeth yr Oen.

3 Cydganed y ddaear
　A'r nefoedd yn nghyd,
Ogoniant tragwyddol
　I Brynwr y byd;
Molianed pob enaid
　Yr Arglwydd ar gân,
Am achub anhydyn
　Bentewyn o'r tân.
　　　　　　Amen.

11s.

Peace in the Blood.

1 I KNOW not how great is
　The love of my God,
That one so unworthy
　Was saved by the blood;
I know that my conscience
　Is quiet and free,
Through the death of my Saviour,
　Who suffered for me.

2 The waters of oceans
　Could wash not the stain,
Nor blood of all creatures
　On earth altars slain;
But the blood of Messiah
　From sin will make free;
No refuge, no safety,
　Elsewhere can I see.

3 In our Redeemer
　Let heaven and earth boast,
For Christ is my Saviour,
　I ne'er can be lost;
By Christ will I conquer,
　To Him will I sing,
To Jesus, my Saviour,
　Jehovah, my King.
　　　　　　Amen.

LOVE TO CHRIST.

147 MONTGOMERY. M. 20. [11s.]

M. 20.

Ymhyfrydu yn yr Anwylyd.

1 Mae enw f' Anwylyd
　Mor anwyl mor fawr;
Hyfrydwch y nefoedd,
　Hyfrydwch y llawr;
Ni dderfydd ei garu,
　Ni dderfydd ei glod,
Tra byddo y nefoedd,
　A bydoedd yn bod.

2 Wel, bellach mi gredaf
　Er nad wyf ond gwan,
Edrychaf o ddyfnder
　Y ddaear i'r lan;
Agorodd o'i gariad
　Ffordd newydd a byw,
O ganol tywyllwch
　I fynwes fy Nuw.
　　　　　Amen.

11s.

Our Delight.

1 O Jesus, we love Thee,
　To Thee will we sing;
Let earth, as the heaven,
　Its best tribute bring.
The light of Thy countenance
　Shineth so bright,
That now and forever
　We need no more light.

2 I will no more tremble,
　For Thou art so near,
Though the depth where I am
　Deprives me of cheer;
Looking to Jesus,
　In his love I can see
A way from this dungeon
　To heaven for me.
　　　　　Amen.

THE CONQUEST OF CHRIST.

148 OLDENBURG. M. 20. [11s.]

M. 20.
Concwest Iesu.

1 Hosanna i 'n Brenin,
   Gorchfygodd ei hun;
Hosanna am goncwest
   Y Duw wnaed yn ddyn:
Deng mil o ganiadau
   Roi 'r iddo uwch nen,
A myrdd o goronau
   Addurnant ei ben.

2 Ei fuddugoliaethau
   A'i glodydd ar led,
Trwy 'r ddaear heb ddiwedd
   Yn rhyfedd a red:
A chânu dros oesoedd
   Tragwyddol a fydd,
Am iddo ar uffern
   Lwyr enill y dydd.
         Amen.

11s.
The Conquest of Christ.

1 O GLORY to Jesus,
   Forever shall be,
His glory shall swell
   As the waves of the sea;
Hosanna to Jesus
   The heavens all sing;
To Him praise and glory
   All nations will bring.

2 Still looking to Jesus,
   Wherever I go,
For power to crush
   Under foot every foe.
The arm of the Saviour
   The conquest has given,
And life of enjoyment
   Eternal in heaven.
         Amen.

THE BANQUET-TABLE.

149   HANOVER. M. 20. [11s.]

M. 20.

Hi a hulìodd ei bwrdd.

1 CYFLAWNDER didrai
   Sy'n Iesu o hyd,
Er cymaint ein bai
   A'n hangen i gyd;
Trysorau digonol,
   O wirfodd y Tad,
I dlodion ysbrydol,
   Yn rhodd ac yn rhad.

2 Mae galwad yn awr,
   Gwahoddiad o hedd,
Ar waelion y llawr,—
   O, deuwch i'r wledd!
Gwledd aberth Calfaria,
   Gwledd uchel ei chlod:
Cawn ynddi oludoedd
   Tra bydoedd yn bod.
          Amen.

11s.

The Banquet-Table.

1 THERE is boundless store,
   No want shall we know;
The treasures of grace
   Like deep waters flow.
We feed on his mercy,
   In safety we rest,
The battle is over,
   Oh, come and be blessed.

2 The needy and poor,
   Throughout the whole earth,
Are called to partake
   Of this joy and mirth.
The banquet is ready,
   The table is spread,
In midst of affliction,
   We eat and are fed.
          Amen.

EVENING PRAYER.

150 LLANGEITHO. M. 21. [8, 8.]

M. 21.

Gwawrddydd yr Efengyl.

1 AED efengyl, fel y wawrddydd,
  'Nawr i gludo myrdd drwy'r gwledydd;
  Ac aed sain yr udgorn arian
  I ddymchwelyd teyrnas Satan.

2 T'wyned haul ar fyrdd o'r werin
  Sy'n y dwyrain a'r gorllewin:
  Sôn am Iesu lanwo ynysoedd
  Fel mae 'r dyfroedd yn toi 'r moroedd.

3 Llanwed moroedd iachawdwriaeth
  Gyrau 'r byd a gwir wybodaeth :
  Deau, gogledd, a'r holl wledydd
  Fyddo 'n dyfod at Fab Dafydd.

4 Llwyddiant i'r cenhadon ffyddlon
  Sy'n cyhoeddi efengyl dirion
  I gael torf ddirif, trwy gredu
  'N berlau heirdd yn nghoron Iesu.

5 Croesaw hyfryd foreu hawddgar
  Pan ddaw lluoedd nef a daear
  I gyd ganu Haleluia
  Byth am haeddiant pen Calfaria.
                    Amen.

8, 8.

Evening Prayer.

1 GIVER and hearer of prayer,
  Thou Shepherd and Guardian of mine,
  My all to Thy covenant care,
  I, sleeping or waking, resign.

2 If Thou art my shield and my sun,
  The night is no darkness to me ;
  And, fast as my minutes roll on,
  They bring me but nearer to Thee.

3 A sovereign protector I have,
  Unseen, yet forever at hand ;
  Unchangeably faithful to save,
  Almighty to rule and command.

4 His smiles and his comforts abound,
  His grace, as the dew, shall descend ;
  And walls of salvation surround
  The soul He delights to defend.

5 All praise to the Father, the Son,
  And Spirit, thrice holy and bless'd,
  Th' eternal, supreme Three in One,
  Was, is, and shall still be address'd.
                    Amen.

THE SONG OF THE REDEEMED.

151   LLANTRISANT. M. 21. [8, 8.]

M. 21.

Clodforedd y gwaredigion.

1 CANED pechaduriaid mawrion,
   Fe gaed noddfa i lofruddion;
   Noddfa glyd rhag llid dialydd,
   Noddfa râd yn ngwlad y cystudd.

2 Caned nef a daearolion
   Sain hosanna i Frenin Sïon;
   Llawn tosturi yw yn wastad,
   Nid oes diwedd ar ei gariad.

3 Canwn mwy am waredigaeth
   Heb ei hail, i blant marwolaeth
   Talodd Iesu ein dyledion,
   A gorchfygodd ein gelynion.

4 Rhyfedd fydd am hyn y cânu,
   Pan ddêl Sïon oll i fyny,
   At y rhai sy'n awr yn hwylus
   Chwareu 'r tanau yn Mharadwys.

                Amen.

8, 8.

The Song of the Redeemed.

1 SINNER, come, with sweetest measures,
   Sing these great and boundless treasures;
   Here's a refuge from all dangers,
   And a fount of joy for sinners.

2 Come and sing for this salvation;
   Praise the King, ye men of Sion;
   His love and pity will endure,
   Give praise to his name forever.

3 Let us praise the King of Sion
   For his wonderful salvation;
   All our heavy debt is cancelled,
   And our strongest foes are conquered.

4 Great shall be the proclamations,
   When comes to Him, from all nations,
   Tide of song like many waters,
   Joy of Sion's sons and daughters.

                Amen.

THE CHRISTIAN'S TREASURES.

152   CYSUR. M. 23. [5, 6.]

M. 23.

Trysor y Cristion.

1 Y CYSUR i gyd,
  Sy'n llanw fy mryd,
  Fod genyf drysorau
  Uwch gwybod y byd;
  Ac er bod hwy 'nghudd,
  Nas gwel neb ond ffydd,
  Ceir eglur ddatguddiad
  O honynt ryw ddydd.

2 'Rwy 'n gweled bob dydd,
  Mai gwerthfawr yw ffydd,
  Pan elwy' i borth angeu
  Fy angor a fydd;
  Mwy gwerthfawr im' yw
  Na chyfoeth Peru,
  Ei gwrthddrych a'm cynal
  Dydd dial ein Duw.
                    Amen.

5, 6.

The Christian's Treasures.

1 My joy night and day,
  My strength all my way,
  Are treasures unseen by
  The world's sullied eye;
  These treasures, although
  The world cannot know,
  Divine love and mercy
  On sinners bestow.

2 And these will impart
  Their strength to my heart
  When from this frail body
  My soul must depart;
  No other thing may
  Help me on that day,
  When all earthly glories
  Shall vanish away.
                    Amen.

GLORY IN CHRIST.

153   TALIESIN.   M. 23.   [5, 6, 5.]

M. 23.

Rhinwedd gwaedy groes.

1 Fy Iesu mwy fydd
   Fy noddfa bob dydd,
   O ddyfnder pydewau
   Fe'm rhoddodd yn rhydd;
   Ni feddaf iachâd
   Un dim ond ei waed,—
   Fy heddwch a'm haeddiant,
   Fy nerth a'm parhâd.

2 Rhyw afon a gaed
   O ddwfr ac o waed,
   O'r orsedd ddysgleirdeg;
   Mae'n rhedeg yn rhâd
   I wella fy mriw,
   Fy meiau o bob rhyw,
   A chânu fy enaid
   Er dued ei liw.
                    Amen.

5, 6, 5.

Glory in Christ.

1 Ye servants of God!
   Your Master proclaim,
   And publish abroad
   His wonderful name;
   The name all victorious
   Of Jesus extol;
   His kingdom is glorious,
   He rules over all.

2 God ruleth on high,
   Almighty to save;
   And still He is nigh,
   His presence we have:
   The great congregation
   His triumph shall sing,
   Ascribing salvation
   To Jesus, our King.
                    Amen.

SALVATION.

154 LLANFAIR. M. 25. [7, 4.]

M. 25.

Ffynon i bechod ac aflendid.

1 Câned nef a daear lawr,
　Fe gaed ffynon,
I olchi pechaduriaid mawr,
　Yn glaer wynion;
Yn y ffynon gyda hwy,
　Minau 'molcha',
Ac a gânaf byth tra b'wy',
　Haleluia.

2 Hedd a chariad, ar y groes,
　Darddodd allan;
Iesu 'n nyfnder angeu loes,
　Faeddodd Satan;
Er ei glwyfo dan ei fron,
　Fe orchfygodd;
Cênir am y frwydr hon
　Yn oes oesoedd.
　　　　　Amen.

7, 4.

Salvation.

1 Glory be to God on high,
　He hath saved me;
Let his glory fill the sky,
　For His mercy;
Peace and joy He has given,
　Great Jehovah
Brings to me the joy of heaven,
　Halleluia.

2 Peace and love upon the earth,
　Depth of wonder!
Christ by death redeems from death,
　Without number;
And though He died, He shall reign,
　Yes, forever;
For He from death and sad pain
　Will deliver.
　　　　　Amen.

VICTORIOUS CROSS.

155   GWALCHMAI. M. 25. [7, 4.]

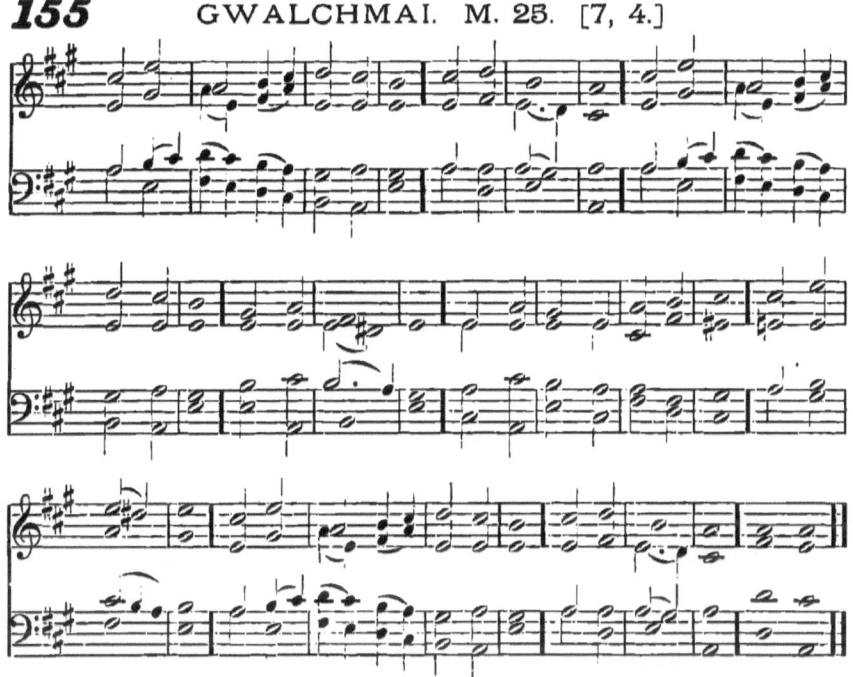

M. 25.
Calfaria.

1 O GALFARIA daeth fy hedd,
    A fy mywyd;
Ac oddi yno mae fy ngwledd
    Nefol, hyfryd:
Tan ei aden dawel wiw,
    Byth arosa',
Ac mi ganaf tra b'wyf byw,
    Haleluia.

2 Buddugoliaeth lân a ddaw,
    'Mhen ychydig;
Mi ddysgwiliaf oddi draw,
    Wrthi 'n ddiddig:
Yn ei allu mae fy ffydd—
    Pwy 'm gorchfyga?
Cânu 'mhleser inau fydd,
    Haleluia.
           Amen.

7, 4.
Victorious Cross.

1 ON the cross He gave me peace,
    And more than life;
To my soul He gave release
    From bitter strife;
And beneath the tender wing
    Of Jehovah
We may come to rest and sing
    Halleluia.

2 Shall we ever gain the day?
    Yes, right early;
For we'll seek and we will pray
    The Almighty
To bring us beneath the wing
    Of Jehovah,
There in sweetest strain to sing
    Halleluia.
           Amen.

BUILDING OF ZION.

156 NEBO. M. 25. [7, 4.]

M. 25.
Adeiladu Seion.

1 Achub Seion, Arglwydd Iôr
 O'i chyfyngder,
Mae'r dydd nodedig wedi d'od,
 Dyma'r amser;
Mae dy weision ger dy fron
 Yn gofidio,
Ac yn hoffi meini hon
 Gan dosturio.

2 Pan adeiladir hon drwy lwydd
 Ar y ddaear,
Bydd Iesu yn ei uchel swydd
 Oll yn hawddgar;
Pawb a'i gwelant yn ei waith
 Mewn gogoniant,
A'i eglwys drwy y ddaear faith
 Yn ben moliant.
  Amen.

7, 4.
Zion being built.

1 Rescue Zion for Thy praise,
 From affliction;
Are not these the promised days
 Of salvation?
Lo, Thy servants for her sake
 Weep before Thee,
And their hearts with longing break,
 Lord, have mercy.

2 When Zion is built on high,
 In her glory,
Then Christ, who is now so nigh,
 Giving mercy,
Shall above the sky be King,
 And hosanna
Mingle with the song they sing,
 Halleluia.
  Amen.

GLORY TO GOD ON HIGH.

157 MOSCOW. M. 30. [6, 6, 4.]

M. 30.
Iddo Ef.

1 'Does destyn gwiw i'm cân
Ond cariad f' Arglwydd glân,
A'i farwol glwy';
Gruddfanau Calfari,
Ac angeu Iesu cu,
Yw nghân a mywyd i,
Hosanna mwy.

2 Caniadau 'r nefol gôr,
Sydd oll i'm Harglwydd Iôr
A'i ddwyfol glwy';
Y frwydr wedi troi,
Gelynion wedi ffoi,—
Sy'n gwneyd i'r dyrfa roi
Hosanna mwy.

3 Pan ddelo 'r plant ynghyd,
O bedwar cwr y byd,
I'w mangre hwy;
Gobeithiaf yn ddilyth,
Gael telyn yn eu plith,
I gânu heb gwyno byth,
Hosanna mwy.

4 Na ddigied neb o'r plant,
Am i mi gânu ar dant
O'u telyn hwy:
Myfyrio 'r tywydd du
Fu ar ein Iesu cu,
A droes fy nghân mor hy',
Hosanna mwy.
         Amen.

6, 6, 4.
Worthy the Lamb!

1 GLORY to God on high!
Let heaven and earth reply,
"Praise ye his name!"
His love and grace adore,
Who all our sorrows bore;
Sing loud for evermore,
"Worthy the Lamb!"

2 While they around the throne
Cheerfully join in one,
Praising his name,—
Ye who have felt his blood
Sealing your peace with God,
Sound his dear name abroad,
"Worthy the Lamb!"

3 Join, all ye ransomed race,
Our Lord and God to bless;
Praise ye his name!
In Him we will rejoice,
And make a joyful noise,
Shouting with heart and voice,
"Worthy the Lamb!"

4 Soon must we change our place,
Yet will we never cease
Praising his name;
To Him our songs we bring;
Hail Him our gracious King;
And, through all ages sing,
"Worthy the Lamb!"
         Amen.

FAITH.

158 OLIVET. M. 30. [3, 6, 4.]

M. 30.

Iesu yr Arweinydd.

1 Fy Iesu yw fy Nuw,
Fy Mrawd a'm Prynwr gwiw,
Ffyddlonaf gwir;
Fy enaid arwain wnaeth
O'r gwledydd tywyll caeth,
I wlad o fêl a llaeth
Paradwys bur.

2 Mae lluoedd maith y nef
Yn plygu iddo Ef,
Fy Mhrynwr gwiw;
Gan chware 'u tanau clir,
Mewn gwyl dragwyddol bur,
Am waredigaeth wir,
I ddynol ryw.

3 Pan ddelo 'r saint yn nghyd,
O derfyn eitha 'r byd,
I'w cartref hwy;
Cânt dreulio bythol oes,
Uwch gofid, cur, a loes,
I gânu am angeu 'r groes,
Heb 'madael mwy.
                    Amen.

6, 6, 4.

My Faith looks up to Thee.

1 My faith looks up to Thee,
Thou Lamb of Calvary:
Saviour divine,
Now hear me while I pray;
Take all my guilt away:
Oh, let me, from this day,
Be wholly Thine.

2 May Thy rich grace impart
Strength to my fainting heart;
My zeal inspire:
As Thou hast died for me,
Oh, may my love to Thee
Pure, warm, and changeless be—
A living fire.

3 While life's dark maze I tread,
And griefs around me spread,
Be Thou my Guide:
Bid darkness turn to day;
Wipe sorrow's tears away,
Nor let me ever stray
From Thee aside.
                    Amen.

JESUS ONLY.

159 MALVERN. M. 30. [6, 6, 4.]

M. 30.

Gweddi am faddeuant.

1 O, ARGLWYDD, trugarha,
　Er dyfned yw fy mhla,
　　A meiau mawr;
　Dilea rhei 'ny 'n rhad,
　A maddeu yn y gwaed,
　A dyro wir iachâd,
　　I'm clwyfau 'n awr.

2 Golch fi oddiwrth fy mai,
　Ti elli fy nglanhau,
　　A'm canu 'n wyn;
　Er dyfned yw fy nghlwy',
　Anfeidrol ras sydd fwy,
　Mae wedi dyfod trwy,
　　Galfaria fryn.

3 Fy unig noddfa'n awr
　I'm lloni ar y llawr,
　　A'm gwir iachau
　Yw clwyfau'r Meichiau mawr;
　Caf yno lechu yn lân
　Yn Iesu cu, a seinio cân
　　Yn deliw tân.

4 Hwn ydyw'r un a ddaeth
　I fyny o Edom gaeth
　　O Bozra dir;
　Gorchfygu'n wir a wnaeth;
　Yr Hwn fu ar y pren
　Yn agor ffordd i'r nef wên,
　　Rhai'r clod.
　　　　　　　Amen.

6, 6, 4.

Jesus only.

1 SAVIOUR, I look to Thee,
　Be not Thou far from me,
　　'Mid storms that lower:
　On me Thy care bestow,
　Thy loving-kindness show,
　Thine arms around me throw,
　　This trying hour.

2 Saviour, I look to Thee,
　Feeble as infancy,
　　Gird up my heart:
　Author of life and light,
　Thou hast an arm of might,
　Thine is the sovereign right,
　　Thy strength impart.

3 Saviour, I look to Thee,
　Let me Thy fulness see,
　　Save me from fear;
　While at Thy cross I kneel,
　All my backslidings heal,
　And a free pardon seal,
　　My soul to cheer.

4 Saviour, I look to Thee,
　Thine shall the glory be,
　　Hearer of prayer:
　Thou art my only aid,
　On Thee my soul is stayed,
　Naught can my heart invade
　　While Thou art near.
　　　　　　　Amen.

LION OF JUDAH.

160 GWALIA. M. 30. [6, 6, 4.]

M. 30.
Rhinwedd angeu y groes.

1 IACHAWDWR dynol ryw,
  Tydi yn unig yw
    Fy Mugail da;
  Mae angeu'r groes yn llawn
  O bob rhinweddol ddawn,
  A ffrwythau melus iawn,
    Rhai a'm iachâ.

2 'Does dim a laesa 'mhoen
  Ond gwaed yr addfwyn Oen,
    Pur waed fy Nuw:
  Mae'i hun yn fwy na'r byd
  A'i holl drysorau 'nghyd,
  A thecach yw ei bryd
    Na dynol ryw.

3 Fy enaid mwyach cân
  Am iachawdwriaeth lân,
    Rhyfeddol yw;
  I'r hwn sy'n trugarhau
  Bo'r enw i barhau,
  Am faddeu dy holl fai
    A'th gadw'n fyw.   Amen.

6, 6, 4.
Lion of Judah.

1 RISE, glorious Conqueror, rise,
  Into Thy native skies,—
    Assume Thy right:
  And where in many a fold
  The clouds are backward rolled—
  Pass through those gates of gold,
    And reign in light!

2 Victor o'er death and hell!
  Cherubic legions swell
    Thy radiant train:
  Praises all heaven inspire;
  Each angel sweeps his lyre,
  And waves his wings of fire,—
    Thou Lamb once slain!

3 Enter, incarnate God!—
  No feet but Thine have trod
    The serpent down;
  Blow the full trumpets, blow!
  Wider yon portals throw,
  Saviour triumphant, go,
    And take Thy crown!   Amen.

PRAYER FOR REVIVAL.

161 HERMON. M. 30. [6, 6, 4.]

M. 30.

Gweddi am adfywiad.

1 O TYRED, Arglwydd mawr,
  Dyhidla o'r nef i lawr
    Gawodydd pur:
  Fel byddo i'r egin grawn,
  Foreuddydd a phrydnawn,
  I darddu 'n beraidd iawn
    O'r anial dir.

2 O Brynwr mawr y byd,
  Tyr'd bellach, mae 'n llawn bryd,
    Mae yn brydnawn;
  Gâd i ni wel'd dy ras
  Ar frys yn tori maes
  Dros wyneb daear las,
    Yn genllif llawn.

3 Arosaf ddydd a nos,
  Byth bellach tan dy groes,
    I'th lon fwynhau;
  Mi wn mai 'r taliad hyn,
  Wnaed ar Galfaria fryn,
  A'm cana oll yn wyn,
    Oddiwrth fy mai.
        Amen.

6, 6, 4.

Oh, come to-day.

1 COME, Holy Ghost! in love,
  Shed on us, from above,
    Thine own bright ray:
  Divinely good Thou art;
  Thy sacred gifts impart,
  To gladden each sad heart;
    Oh, come to-day!

2 Come, tenderest Friend, and best,
  Our most delightful Guest!
    With soothing power;
  Rest, which the weary know;
  Shade, 'mid the noontide glow;
  Peace, when deep griefs o'erflow;
    Cheer us, this hour!

3 Come, Light serene! and still
  Our inmost bosoms fill;
    Dwell in each breast:
  We know no dawn but Thine;
  Send forth Thy beams divine,
  On our dark souls to shine,
    And make us blest.
        Amen.

CHRIST OUR REFUGE.

162 MARTYN. M. 39. [7s. Double.]

M. 39.
Crist yn gymhorth ac arweinydd.

1 Iesu, Cyfaill f' enaid cu,
　I dy fynwes gad im' ffoi,
Pan fo 'r dyfroedd o bob tu,
　A'r tymhestloedd yn crynhoi:
Cudd fi, O fy Mhrynwr, cudd,
　Nes êl heibio 'r storom gref;
Yn arweinydd i mi bydd
　Nes im' dd'od i deyrnas nef.

2 Noddfa arall gwn nid oes,
　Ond tydi, i'm hennid gwan;
Ti, fu farw ar y groes,
　Yw fy nghymhorth yn mhob man;
Ynot, O fy Iesu, mae
　Holl ymddiried f' enaid byw;
Nerth rho i mi i barhau,
　Nes d'od adref at fy Nuw.

3 Gras sydd ynot fel y môr,
　Gras i faddeu fy holl fai:
Boed i'w ffrydiau, Arglwydd Iôr,
　Oddiwrth bechod fy nglanhau
Ffynon bywyd f' enaid gwiw
　Rydd im' gysur ar fy nhaith;
Llona f' ysbryd tra b'wyf byw;
　Tardd i dragwyddoldeb maith.

7s. Double.
Jesus, Lover of my Soul.

1 Jesus, lover of my soul,
　Let me to Thy bosom fly,
While the nearer waters roll,
　While the tempest still is high;
Hide me, oh, my Saviour, hide,
　Till the storm of life be past;
Safe into the haven guide;
　Oh, receive my soul at last!

2 Other refuge have I none;
　Hangs my helpless soul on Thee;
Leave, ah, leave me not alone,
　Still support and comfort me!
All my trust on Thee is stayed,
　All my help from Thee I bring;
Cover my defenceless head
　With the shadow of Thy wing!

3 Wilt Thou not regard my call?
　Wilt Thou not accept my prayer?
Lo! I sink, I faint, I fall!
　Lo! on Thee I cast my care!
Reach me out Thy gracious hand!
　While I of Thy strength receive,
Hoping against hope I stand,
　Dying, and behold I live!

PENITENTIAL HYMN.

163 LICHFIELD. M. 39. [7s. Double.]

M. 39.

Dyoddefiadau Crist yn sail gweddiau y saint.

1 Yn y llwch, Waredwr hael,—
Dyna le pechadur gwael,—
Pan y codwn wylaidd lef
Edifeiriol tua 'r nef,
Mewn tosturi Iesu mawr,
Cofia waelion deulu 'r llawr,
Ac oddiar d' orseddfainc fry
Gwrando 'n rasol ar ein cri.

2 Er mwyn geni isel, tlawd,
Preseb Bethle'm, pan y cawd
Trysor pena 'r nef ei hun
Wedi gwisgo natur dyn ;
Er mwyn llawer llid a chroes
Gafodd Iesu hyd ei oes,
Arglwydd Iôr, tosturia Di,
Gwrando 'n rasol ar ein cri.

3 Er mwyn taerni 'r weddi ddrud
A offrymwyd dros y byd,
Er mwyn chwys yr ardd a'r cur,—
Er mwyn clwyfau 'r hoelion dur,—
Er mwyn haeddiant dwyfol loes—
Er mwyn marw mawr y groes,
Edrych, Arglwydd, arnom ni,
Gwrando 'n rasol ar ein cri.   Amen.

7s. Double.

Have Mercy upon Us.

1 SAVIOUR, when, in dust, to Thee
Low we bend th' adoring knee ;
When, repentant, to the skies
Scarce we lift our weeping eyes,
Oh, by all Thy pains and woe
Suffered once for man below,
Bending from Thy throne on high,
Hear our solemn litany.

2 By Thy birth and early years ;
By Thy life of want and tears ;
By Thy fasting and distress,
In the lonely wilderness ;
By the dread mysterious hour
Of the subtle tempter's power ;
Jesus, look with pitying eye ;
Hear our solemn litany.

3 By Thy deep expiring groan ;
By the sealed sepulchral stone ;
By Thy triumph o'er the grave ;
By Thy power from death to save ;
Mighty God, ascended Lord,
To Thy Throne in heaven restored,
Prince and Saviour, hear our cry,
Hear our solemn litany.   Amen.

GLORY TO GOD.

164 MENDELSSOHN. M. 39. [7s. Double.]

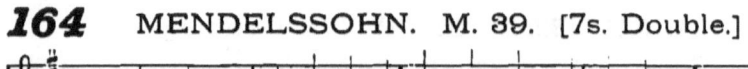

M. 39.
Genedigaeth Crist.

1 CLYWCH lu 'r nef yn seinio 'n un,
  Henffych eni Ceidwad dyn!
  Heddwch sydd rhwng nef a llawr,
  Duw a dyn sy 'n un yn awr:
  Dewch bob cenedl is y rhôd,
  Unwch â'r angylaidd glod;
  Bloeddiwch oll â llawen drem,
  Ganwyd Crist yn Methlehem!
    Clywch! lu 'r nef yn seinio 'n un,
    Henffych eni Ceidwad dyn!

2 Crist, Tad tragwyddoldeb yw,
  A dysgleirdeb wyneb Duw;
  Cadarn Iôr a ddaeth ei hun,
  Gwnaeth ei babell gyda dyn!
  Wele Dduwdod yn y cnawd!
  Dwyfol Fab i ddyn yn frawd!
  Duw yn ddyn fy enaid gwel!
  Iesu, ein Immanuel!
    Clywch, &c.   Amen.

7s. Double.
Glory to God.

1 HARK! the herald angels sing,
  "Glory to the new-born King,
  Peace on earth, and mercy mild,
  God and sinners reconciled!"
  Joyful all ye nations rise,
  Join the triumph of the skies,
  With th' angelic host proclaim,
  "Christ is born in Bethlehem."
    Hark! the herald angels sing,
    "Glory to the new-born King!"

2 Christ, by highest heaven adored,
  Christ, the everlasting Lord,
  Late in time behold Him come,
  Offspring of a virgin's womb:
  Veiled in flesh the Godhead see,
  Hail th' incarnate Deity;
  Pleased as man with men to dwell,
  Jesus, our Immanuel.
    Hark, etc.   Amen.

FAITH IN CHRIST.

165 YR HYFRYDLAIS. M. 46. [M. C. D.]

M. 46.
Llais y Iesu.

1 Mi glywais lais yr Iesu'n dweyd,
 "Tyr'd ataf yr awr hon,
Gorphwys dy ben, flinderog un,
 Yn esmwyth ar fy mron;"
Mi ddaethum at yr Iesu cu
 Yn llwythog, blin, a phrudd,
Gorphwysfa gefais ynddo Ef,
 'Rwy'n llawen nos a dydd.

2 Mi glywais lais yr Iesu'n dweyd,
 "Mae'r bywiol ddwfr yn rhâd,
Plyga i lawr, sychedig un,
 Yf fywyd ac iachâd;"
Mi ddaethum at yr Iesu cu,
 Yfais o'r dyfroedd gwiw,
Y syched ffodd, daeth nerth yn ol,
 Ac ynddo Ef 'rwy'n byw.
 Amen.

M. C. D.
Faith in Christ.

1 While Thee I seek, protecting power,
 Be my wishes stilled;
And may this consecrated hour
 With better hopes be filled.
Thy love the pow'r of thought bestow'd,
 To Thee my thoughts would soar:
Thy mercy o'er my life has flow'd,
 That mercy I adore.

2 In each event of life, how clear
 Thy ruling hand I see:
Each blessing to my soul more dear,
 Because conferred by Thee.
In every joy that crowns my days,
 In every pain I bear,
My heart shall find delight in praise,
 Or seek relief in prayer.
 Amen.

PRAYER.

166 RUSSELL PLACE. M. 48. [7, 6, 8.]

M. 48.
Gweddi y trallodus.

1 LLAWN o ofid, llawn o wae,
   A llawn euogrwydd du,
Byth a fyddaf i barhau
   Heb gael dy gwmni cu :
Golwg unwaith ar dy wedd
A'm cwyd i'r lan o'r pydew mawr;
O, fy Nuw! nac oeda'n hwy,
   Rho 'r olwg i mi 'n awr.

2 Gwel y truan, gwel y tlawd,
   Yn gorwedd wrth dy draed;
O Samariad! bydd yn frawd—
   Adfera im' iachâd
Dyro olew yn fy mriw,
   A chwyd fi ar d' anifail cun ;
Nid oes arall all fy nwyn
   Ond d' allu di dy hun.

3 Iesu 'r dirmygedig un
   Ddyoddefodd angeu loes,
Gan ryw ddienyddwr llym
   Yn dawel ar y groes:
Y gruddfanau rodd i maes
A wna druciniaid fyrdd yn rhydd ;
Bellach holl ganiadau 'r nef,
   Byth am Galfaria fydd.

7, 6, 8.
Prayer.

1 LAMB of God, whose bleeding love
   We now recall to mind,
Send the answer from above,
   And let us mercy find :
Think on us who think on Thee ;
Oh, every struggling soul release ;
Oh, remember Calvary,
   And bid us go in peace !

2 Let Thy blood, by faith applied,
   The sinner's pardon seal ;
Speak us freely justified,
   And all our sickness heal ;
By Thy passion on the tree,
Oh, let our griefs and troubles cease ;
Oh, remember Calvary,
   And bid us go in peace !

3 By Thine agonizing pain
   And bloody sweat we pray,—
By Thy dying love to man,
   Take all our sins away ;
Burst all bonds, and set us free,
Oh, from iniquity release ;
And remember Calvary,
   And bid us go in peace !

167 ROCK OF AGES. M. 49. [7s. 6 lines.]

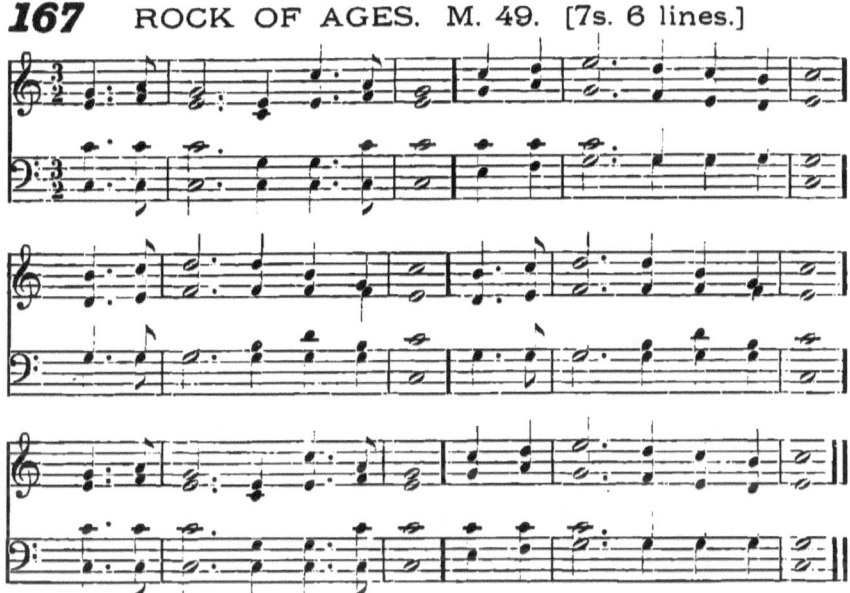

M. 49.
Craig yr oesoedd.

1 Craig yr Oesoedd, gad i mi,
Lechu yn dy agen di;
Gad i'r ffrwd o ddŵr a gwaed,
Allan o dy ystlys gaed,
Fy iachau o'm dyblyg gur,
Lladd fy ofn, a'm gwneyd yn bur.

2 Nid llaw brysur llafur lleddf,
All gyflawni'r ddwyfol ddeddf;
Pe na phrofwn awr o hedd,
Pe yr wylwn hyd fy medd,
Ni wna'r oll fy nghlirio i,
Rhaid fy nghadw genyt ti.

3 Taliad yn fy llaw nid oes,
Glynu'r ydwyf wrth dy groes,
Noeth, yn ceisio'th wisg i'th was;
Tlawd, yn gruddfan am dy ras;
Brwnt, yn dod i'th ffynon bur,
Golch fi, Geidwad, gwel fy nghur!

4 Tra y pery f' cinioes frau,—
Pan wna'm llygaid farwol gau,—
Pan ehedaf i'r nef wen—
A dy weled yno'n Ben,—
Craig yr Oesoedd, gad i mi,
Lechu yn dy agen di!

7s. 6 lines.
Rock of Ages.

1 Rock of Ages, cleft for me,
Let me hide myself in Thee:
Let the water and the blood,
From Thy riven side which flowed,
Be of sin the double cure,
Cleanse me from its guilt and power.

2 Not the labors of my hands
Can fulfil Thy law's demands;
Could my zeal no respite know,
Could my tears forever flow,
All for sin could not atone;
Thou must save, and Thou alone.

3 Nothing in my hand I bring;
Simply to Thy cross I cling;
Naked, come to Thee for dress;
Helpless, look to Thee for grace;
Foul, I to the Fountain fly;
Wash me, Saviour, or I die!

4 While I draw this fleeting breath,
When my eyelids close in death,
When I soar to worlds unknown,
See Thee on Thy judgment-throne,
Rock of Ages, cleft for me,
Let me hide myself in Thee!

HOLY COMMUNION.

168 RATISBON. M. 49. [7s. 6 lines.]

M. 49.

Cyflawnder yr Iachawdwriaeth.

1 Hyfryd lais efengyl hedd
Sydd yn galw pawb i'r wledd;
Mae gwahoddiad llawn at Grist,
Oes i'r tlawd, newynog, trist;
Pob cyflawnder ynddo cewch,—
Dewch a chroesaw, dlodion dewch.

2 Talodd Crist anfeidrol iawn
Ar y groesbren un prydnawn;
Llifodd ar Galfaria fryn,
Ddŵr a gwaed i'n golchi 'n wyn;
Iachawdwriaeth sydd heb drai,
Dewch i'r ffynon aflan rai.

Amen.

7s. 6 lines.

This do in Remembrance of Me.

1 Bread of heaven, on Thee we feed,
For Thy flesh is meat indeed;
Ever may our souls be fed
With this true and living Bread;
Day by day with strength supplied
Through the life of Him who died.

2 Vine of heaven, Thy blood supplies
This blest cup of sacrifice;
Lord, Thy wounds our healing give,
To Thy cross we look and live:
Jesus, may we ever be
Grafted, rooted, built in Thee.

Amen.

THE LORD IS RISEN.

169 PLEYEL'S HYMN. M. 51. [7s.]

M. 51.

Gwaith gorphenol Crist.

1 GRISTION, "Buddugoliaeth" llef!
Iesu ddaeth ei hun o'r nef;
I'th waredu byth o boen,
Fe fu farw 'r addfwyn Oen!

2 C'od dy olwg at y groes,
Gwel yr Iesu 'n dyodde 'r loes;
Yno yn gogwyddo 'i ben,
Pan orphenwyd ar y pren.

3 Rhoed boddlonrwydd trwy ei waed,
Hyn yw sail ein cyfiawnhâd;
Carcharorion aeth yn rhydd,
Cenir byth wrth gofio 'r dydd.

4 Moliant byth i'r Drindod lân,
Tad, a Mab ac Ysbryd Glân;
Câned gwaredigion Duw
Haleluia tra f'ont byw.

7s.

The Lord is Risen.

1 CHRIST, the Lord, is risen to-day,
Sons of men, and angels, say;
Raise your joys and triumphs high!
Sing, ye heavens! and earth, reply!

2 Love's redeeming work is done,
Fought the fight, the battle won;
Lo, our Sun's eclipse is o'er;
Lo, He sets in blood no more.

3 Vain the stone, the watch, the seal;
Christ hath burst the gates of hell;
Death in vain forbids his rise;
Christ hath opened Paradise.

4 Lives again our glorious King;
"Where, O Death, is now thy sting?"
Once He died our souls to save;
"Where's thy vict'ry, boasting Grave?"

PRAISE TO GOD.

170 INNOCENTS. M. 51. [7s.]

M. 51.

Galwad ar bawb i foliannu.

1 HALELUIA, mawl i Dduw,
Yn y nefoedd lle mae 'n byw;
Trigfan ei santeiddrwydd glân,
Lle deffroir y fythol gân.

2 Mawl i Dduw trwy 'r ddaear lâs,
Moliant rhwydd am wyrthiau 'i ras;
Mae yn gadarn i iachau,
Ac yn caru trugarhau.

3 Cânwn oll a llafar dôn
Haleluia bêr i'r Iôn:
Rhodded pawb sy'n berchen chwyth
Uchel foliant iddo byth.

4 Cenwch oll a llafar lef,
Gân o fawl i Frenin nef;
Canys da yw Duw dilyth—
Pery ei drugaredd byth.

5 Uned Israel fawr a mân
Yn yr hyfryd felus gân;
Da i bawb yw Duw dilyth,—
Pery ei drugaredd byth.

6 D'weded pawb sy'n ofni Duw,
O bob llwyth ac iaith a lliw;
Da i bawb yw Duw di-lyth,—
Pery ei drugaredd byth.
    Amen.

7s.

Hallelujah.

1 HALLELUJAH! raise, oh, raise,
To our God the song of praise:
All his servants join to sing
God our Saviour and our King.

2 Blesséd be for evermore
That dread name which we adore:
Round the world his praise be sung,
Through all lands, in every tongue.

3 O'er all nations God alone,
Higher than the heavens his throne;
Who is like to God most high,
Infinite in majesty?

4 Yet to view the heavens He bends;
Yea, to earth He condescends;
Passing by the rich and great,
For the low and desolate.

5 He can raise the poor to stand
With the princes of the land;
Wealth upon the needy shower;
Set the meanest high in power.

6 He the broken spirit cheers;
Turns to joy the mourner's tears;
Such the wonders of his ways;
Praise his name—forever praise.
    Amen.

RESTORATION.

171   CORINTH. M. 81. [7s.]

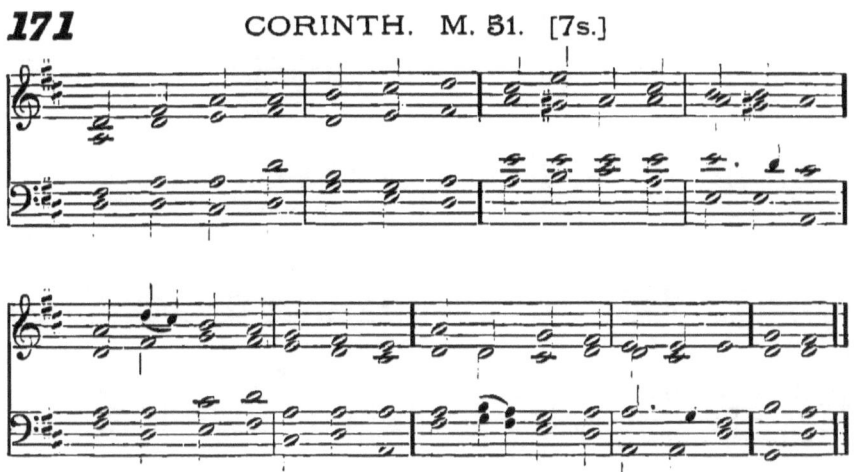

M. 81.

Myndd tŷ Dduw.

1 Wele 'r dydd yn gwawrio draw,
   Amser hyfryd sydd gerllaw;
   Daw 'r cenhedloedd yn gytûn
   I ddyrchafu Mab y Dyn.

2 Gwelir pobloedd lawer iawn
   Yn dylifo ato 'n llawn;
   Cyfraith Iesu gadwant hwy,
   Ac ni ddysgant ryfel mwy.

3 Eistedd mae 'n Cyfryngwr mawr,
   Ar orseddfa 'r nef yn awr;
   Yno 'n dadlu 'i angeu drud,
   Iawn digonol dros y byd.

4 Prynedigaeth dynol ryw
   A orphenodd Iesu gwiw;
   Pob ymadrodd yn un iaith
   Cânent mwy ei foliant maith.
                        Amen.

7s.

Restoration.

1 'Tis for conquering kings to gain
   Glory over myriads slain;
   Jesus! Thy more glorious strife
   Hath restored a world to life.

2 So no other name is given
   Unto mortals under heaven,
   Which can dying souls restore,
   And give life for evermore.

3 Gladly, for that blessèd name,
   Bear the cross, endure the shame!
   Joyfully for Him to die,
   Is not death, but victory.

4 Dost Thou, Jesus, condescend
   To be called the sinner's Friend?
   Ours, then, it shall always be
   Thus to make our boast of Thee.
                        Amen.

READY TO HELP.

172 DRESDEN. M. 52. [8. 6 lines.]

M. 52.

Galluog i gydymdeimlo.

1 Pan welaf gymyl yn crynhoi,
Y nen yn duo, frynddiau'n ffoi,
Fy mhwys a roddaf ar yr Un
Wyr beth yn chwerwder trallod blin,
Fy angen wêl, fy nghlwyf iacha,
A chyfri'm dagrau heilltion wna.

2 Os daw rhyw brofedigaeth gref
I dynu'm traed o lwybrau'r nef,
A pheri imi roi fy mryd
Ar wag deganau anial fyd ;
Yr Hwn wyr nerth pob gelyn cudd
Rydd gymorth im' yn ol y dydd.

3 Neu os caf siomedigaeth flin
Mewn rhai a garaf fel fy hun ;
Mae 'r Hwn sydd ar yr Orsedd wên
Yn abl i gynal pwys fy mhen ;
Oblegid gwyr pa beth yw cael
Ei siomi gan abwydyn gwael.
        Amen.

8. 6 lines.

"All Power is given to Me."

1 When gathering clouds around I view,
And days are dark, and friends are few,
On Him I lean, who, not in vain,
Experienced every human pain ;
He sees my wants, allays my fears,
And counts and treasures up my tears.

2 If aught should tempt my soul to stray
From heavenly virtue's narrow way,
To fly the good I would pursue,
Or do the sin I would not do ;
Still He, who felt temptation's power,
Shall guard me in that dangerous hour.

3 If wounded love my bosom swell,
Deceived by those I prize too well,
He shall his pitying aid bestow,
Who felt on earth severer woe,
At once betrayed, denied, or fled,
By those who shared his daily bread.
        Amen.

THE DAY IS GONE.

173 STELLA. M. 52. [8. 6 lines.]

M. 52.

Cariad at Iesu.

1 IESU, fy Nuw, fy Ngheidwad cu,
  Clyw fi pan lefwyf arnat Ti,
  Clyw fi oddiar dy uchel sêdd,
  A moes im' brawf o'th nefol hedd;
    Iesu, fy Nuw, Iachawdwr byd,
    Rho im' dy garu'n fwy o hyd.

2 Nid ydyw'm hoes ond cysgod gwan,
  Diflana ymaith yn y man:
  Tebyg i darth y glyn islaw,
  Pan yr ymedy 'nol ni ddaw;
    Iesu, fy Nuw, &c.

3 Yn y disgleirdeb tanbaid fry,
  Yn mhell uwchlaw ein golwg ni,
  Mewn mawredd ar ei ddisglaer sedd,
  Byth y teyrnasa Brenin hedd.
    Iesu, fy Nuw, &c.

4 Iesu, am danat bydd fy nghân,
  Mor felus yw dy eiriau glân,
  Fy oll i gyd sydd eiddot Ti,
  A thithau yw fy ciddo i;
    Iesu, fy Nuw, &c.

8. 6 lines.

The Day is Gone.

1 SWEET Saviour, bless us ere we go:
  Thy word into our minds instil;
  And make our lukewarm hearts to glow
  With lowly love and fervent will.
    Through life's long day and death's dark night,
    Oh, gentle Jesus, be our light.

2 The day is gone, its hours have run,
  And Thou hast taken count of all,
  The scanty triumphs grace hath won,
  The broken vow, the frequent fall.
    Through life's long day, etc.

3 Do more than pardon; give us joy,
  Sweet fear, and sober liberty,
  And simple hearts without alloy
  That only long to be like Thee.
    Through life's long day, etc.

4 Labor is sweet, for Thou hast toiled;
  And care is light, for Thou hast cared;
  Ah! never let our works be soiled
  With strife, or by deceit ensnared.
    Through life's long day, etc.

GOD'S MERCY.

174 EATON. M. 52. [8. 6 lines.]

M. 52.
Duw yn madden.

1 Duw mawr y rhyfeddodau maith,
Rhyfeddol yw pob rhan o'th waith;
Ond dwyfol râs mwy rhyfedd yw
Na'th holl weithredoedd o bob rhyw;
Pa Dduw sy'n maddeu fel Tydi
Yn rhâd ein holl bechodau ni?

2 O! maddeu'm holl gamweddau mawr,
Ac arbed waelaidd lwch y llawr;
Hyn yw dy nefol oruwch nôd,
Ac ni chaiff arall ran o'r clod;
Pan Dduw sy'n, &c.

3 Rhyfeddol yw'th drugaredd hael,
A'th gariad pur i'n natur wael;
Yn agor ffynon i'n glanhau,
A'n golchi'n bur oddiwrth ein bai;
Pan Dduw sy'n, &c.

4 O! boed i'r grâs anfeidrol gwiw,
A'r gwyrthiau mawr o gariad Duw,
Orlenwi'r ddaear faith â'th glod,
Hyd nefoedd fry tra'r byd yn bod;
Pan Dduw sy'n, &c.
                    Amen.

8. 6 lines.
God's dispensing Mercy.

1 GREAT God of wonders! whom we praise,
How great and tender are Thy ways!
To bring the ruined from the fall,
It does and will outshine them all.
Who is among the gods like Thee,
Granting pardon so full and free?

2 Our many sins, oh, do forgive;
Oh, let such daring worms now live.
Such grace! the poor from sin to raise,
We'll give to Thee the highest praise.
Who is among, &c.

3 How wonderful Thy work of grace;
This love so rich to fallen race!
To pardon sins of deepest dye,
And bring the distant sinner nigh,
Who is among, &c.

4 Oh, may Thy grace, a boundless store,
Oh, love of God, forevermore
O'errun the earth with storms of praise,
Till praise from earth to heaven will rise.
Who is among the gods like Thee,
Giving grace, oh, so rich and free. Amen.

THIRSTING FOR GOD.

175 CHRIST CHURCH. M. 52. [L. M. 6 lines.]

M. 52.

Y Pererinion.

1 ARWEINYDD pererinion blin
   Sy'n teithio tua 'r nefoedd fry,
O'th le dysglaerwych tyr'd i lawr,
A gwna dy drigfan gyda ni;
Cynal ni ar ein taith o hyd,
Nes dyfod i'th orphwysfa glyd.

2 Nid dan yr haul mae 'n cartref ni,
   Mae 'n anweledig uwch y ser;
Caersalem newydd gelwir hi,
   Ei hadeiladydd yw Duw Nêr:
Gorphwysfa dawel pawb o'r saint,
Bar tow'd gan Iesu—mawr yw'r fraint.

3 Dyeithriaid ar y ddaear hon,
   Nid yma mae 'n trigianol le;
Brysiwn trwy 'r anial fyd i'r lan,
   I'n hyfryd gartref yn y ne':
Caersalem newydd,—teyrnas ne',
O ddedwydd ogoneddus le!

L. M. 6 lines.

Thirsting for God.

1 As, panting in the sultry beam,
   The hart desires the cooling stream,
So to Thy presence, Lord, I flee,
So longs my soul, O God, for Thee;
Athirst to taste Thy living grace,
And see Thy glory face to face.

2 But rising griefs distress my soul,
   And tears on tears successive roll;
For many an evil voice is near
To chide my woe and mock my fear;
And silent memory weeps alone
O'er hours of peace and gladness flown.

3 Forth from the dark and stormy sky,
   Lord, to Thine altar's shade we fly;
Forth from the world, its hope and fear,
Father, we seek Thy shelter here;
Weary and weak Thy grace we pray;
Turn not, O Lord, Thy guests away.

A FOUNTAIN OPENED.

176 CASSEL. M. 54. [8, 7, 7.]

M. 54.

Y Cyfaill goreu.

1 Y MAE Un uwchlaw pawb eraill
   Drwy'r greadigaeth fawr i gyd,
Sydd yn haeddu ei alw 'n Gyfaill,
   Ac a bery 'r un o hyd:
Brawd a anwyd i ni yw,
Erbyn c'ledi o bob rhyw.

2 Nis gall meithder ffordd nac amser
   Oeri dim o'i gariad Ef;
Mae ei fynwes byth yn dyner,
   A'i gymdeithas byth yn gref:
Nis gall dyfroedd angeu llym
Ddiffodd ei angerddol rym.

3 Yn mha le y ceir, er chwilio,
   Neb yn caru fel Efe?
P'le mae 'r cyfaill, er ein hachub
   A ro'i fywyd yn ein lle?
Nid oes debyg iddo Ef,
Drwy y ddaear faith a'r nef.
        Amen.

8, 7, 7.

A Fountain Opened.

1 COME to Calvary's holy mountain,
   Sinners, ruined by the fall!
Here a pure and healing fountain
   Flows to you, to me, to all,—
In a full, perpetual tide,
Opened when our Saviour died.

2 Come, in sorrow and contrition,
   Wounded, impotent, and blind!
Here the guilty, free remission,
   Here the troubled, peace may find;
Health this fountain will restore,
He that drinks shall thirst no more.

3 He that drinks shall live forever;
   'T is a soul-renewing flood:
God is faithful; God will never
   Break his covenant in blood,
Signed when our Redeemer died,
Sealed when He was glorified.
        Amen.

CHRIST'S RETURN TO HEAVEN.

177 HANDEL. M. 54. [8, 7, 7.]

M. 54.

Gwynfyd anherfynol.

1 Nid yw'n hoes ond megys cysgod,
  Ebrwydd iawn y cilia draw,
 Tebyg yw i darth yn darfod,
  Pan ymedy, 'n ol ni ddaw;
 O fy enaid! esgyn fry,
 I'r tragwyddol fywyd cu.

2 Gwel ddysgleirdeb mor danbeidol,
  Pell uwchlaw dychymyg dyn,
 Yno mewn mawrhydi Dwyfol
  Y teyrnasa'r Iesu ei hun;
 O fy enaid! esgyn fry,
 I'r tragwyddol fywyd cu.

3 Lluoedd maith o gylch ei orsedd
  A'i molianant yn ddidaw,
 Mil o filoedd â'u clodforedd
  Sy'n dadseinio'r nefoedd draw;
 O fy enaid! esgyn fry,
 I'r tragwyddol fywyd cu.
                    Amen.

8, 7, 7.

Christ's Return to Heaven.

1 Jesus comes, his conflict over,—
  Comes to claim his great reward;
 Angels round the Victor hover,
  Crowding to behold their Lord;
 Haste, ye saints! your tribute bring,
 Crown Him everlasting King.

2 Yonder throne for Him erected,
  Now becomes the Victor's seat;
 Lo, the Man on earth rejected!
  Angels worship at his feet;
 Haste, ye saints! your tribute bring,
 Crown Him everlasting King.

3 Day and night they cry before Him,—
  "Holy, holy, holy Lord!"
 All the powers of heaven adore Him,
  All obey his sovereign word;
 Haste, ye saints! your tribute bring,
 Crown Him everlasting King.
                    Amen.

ON JORDAN'S BANKS.

178   IORDDONEN. M. 58. [6, 5, 6.]

M. 58.
Glan yr Iorddonen.

1 Ar lan Iorddonen ddofn
  'Rwy'n oedi 'n nychlyd,
Mewn blys myn'd trwy—ac ofn
  Ei 'ystormydd enbyd;
O! na b'ai modd i mi
Ysgoi ei hymchwydd hi,
A hedeg uwch ei lli,
  I'r Ganaan hyfryd.

2 Wrth gofio grym y dŵr,
  A 'i thonog genlli',
A'r mynych rymus ŵr
  A suddodd ynddi—
Mae braw trwy f' enaid gwan
Mai boddi fydd fy rhan,
Cyn cyrhaedd tawel lan
  Bro y goleuni.

3 Ond pan y gwelwyf draw
  Ar fynydd Sïon,
Yn iach heb boen na braw,
  Fy hen gyfeillion—
Paham yr ofnaf mwy?
Y Duw a'u daliodd hwy,
A'm dyga inau drwy
  Ei dyfroedd dyfnion. Amen.

6, 5, 6.
Deep Jordan's banks I tread.

1 Deep Jordan's banks I tread,
  And trembling waver;
I long to cross, but dread
  The stormy river.
Oh, would 't were given that I
Might shun these swellings high,
And o'er the flood might fly
  To rest forever.

2 The stream in might along
  Its waters urges,
And many are the strong
  The wave submerges;
I fear the land of light
Will never greet my sight,
And I shall sink, to-night,
  Beneath these surges.

3 But who are these I see
  In crowds appearing?
Old friends from peril free,
  My spirit cheering.
I'll linger here no more,
But trust to God that bore
Them safe to yonder shore,
  No danger fearing. Amen.

LONGING FOR HEAVEN.

179 MOAB. M. 58. [6, 5, 6.]

M. 58.

Hiraeth am y Nef.

1 O! na chawn fyned fry
 I'r Ganaan hyfryd,
 I blith y dyrfa sy'
 Mor fawr eu gwynfyd;
 Molianant oll ar dân
 Mewn rhyw ardderchog gân,
 Byth, byth eu Hiesu Glân
 Yn nhir y bywyd.

2 Caf yno balmwydd gwyrdd
 Y fuddugoliaeth,
 Yn mhlith cyfeillion fyrdd
 Heb ofn marwolaeth;
 Caf orsedd ddydd a ddaw,
 Teyrnwialen yn fy llaw,
 O gyraedd briw a braw
 A phob rhyw alaeth. Amen.

6, 5, 6.

Longing for Heaven.

1 Bring me home to glory,
 Free from bitter pains,
 To the saints so happy,
 In heav'n's joyful plains;
 Where their praise will flourish,
 Nor joy ever languish
 With these things that perish,
 But they will remain.

2 There I the palm shall bear,
 Ensign of vict'ry,
 Among the saints so fair,
 All safe and happy;
 There a bright throne to find,
 Sweet pleasure to the mind,
 Where heaven's love will bind
 All forever free. Amen.

AWAKE OUT OF SLEEP.

180   LAUSANNE. M. 64. [8, 7.]

M. 64.
Dedwyddwch y Nef.

1 Daeth yr awr i'm ddianc adre'
   Draw o gyraedd pob rhyw gur,
Gwelaf dorf o'm hen gyfeillion
   Draw ar lân y Ganaan bur.

2 Dacw'r delyn, dacw'r palmwydd,
   Dacw 'ninas yn y ne',
Ffarwel bellach bob rhyw ofid,
   Henffych wynfyd yn ei le.

3 Yno caf fi weled Iesu
   Fyth i'm lloni heb un llên,
A chaf yno ei glodfori
   Byth heb dewi mwy, amen.

4 Cofia'th hen dosturi, Arglwydd,
   Cofia'th drugareddau mâd,
Maent crioed o fewn dy fynwes,
   Nac anghofia'th gariad rhâd.

5 O! na chofia fy mhechodau,
   Llwyr ddilëa hwy yn awr,
Meddwl yn dy râs am danaf
   Er daioni, Arglwydd mawr.
                 Amen.

8, 7.
Awake out of Sleep.

1 Hark! a thrilling voice is sounding;
   "Christ is nigh," it seems to say;
"Cast away the dreams of darkness,
   O ye children of the day!"

2 Wakened by the solemn warning,
   Let the earth-bound soul arise;
Christ, her Sun, all ill dispelling,
   Shines upon the morning skies.

3 Lo! the Lamb, so long expected,
   Comes with pardon down from heaven;
Let us haste, with tears of sorrow,
   One and all to be forgiven;

4 That when next He comes with glory,
   And the world is wrapped in fear,
With his mercy He may shield us,
   And with words of love draw near.

5 Honor, glory, might, and blessing,
   To the Father and the Son,
With the everlasting Spirit,
   While eternal ages run.
                 Amen.

CHRISTIAN'S DESIRE.

181 BETHANY. M. 66. [6s & 4s.]

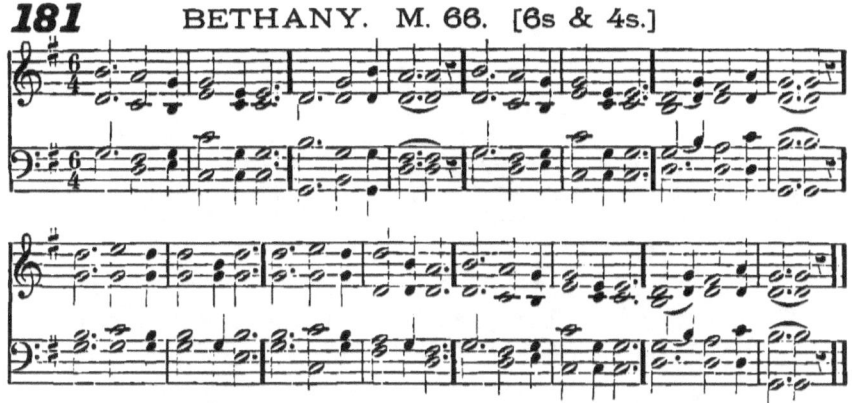

M. 66.
Yn nes i Dduw.

1 DIOLCHAF am y groes
  Er trymed hi
A'm cyfyd, O! fy Nuw
  Yn nes i Ti;
Hyn yw fy nghân a'm cri,
Yn nes fy Nuw i Ti
  Yn nes i Ti.

2 Er bod fel teithiwr blin
  A'm bron yn brudd,
Yn huno ar garreg oer
  Heb oleu dydd;
Mewn breuddwyd hedwn i
Yn nes fy Nuw i Ti,
  Yn nes i Ti.

3 Rho yno wel'd fy ffordd
  Yn risiau i'r Nef,
Ac engyl ar bob gris
  Yn llon eu llef,
Yn gwa'dd fy ysbryd i
Yn nes fy Nuw i Ti,
  Yn nes i Ti.

4 Os yn y byd deffrown,
  Cyfodwn i
O'm holl ofidiau i gyd
  "Fethel," i Ti;
O'r dyfnder galw fi
Yn nes fy Nuw i Ti,
  Yn nes i Ti.

5 Neu os ehedeg wnawn
  Trwy'r wybren fry,
Uwchlaw yr haul a'r sêr
  At nefol lu,
Hyn fydd fy nghân a'm cri
Yn nes fy Nuw i Ti,
  Yn nes i Ti.

6s & 4s.
Nearer to God.

1 NEARER, my God, to Thee,
  Nearer to Thee!
Ev'n though it be a cross
  That raiseth me!
Still all my song shall be,
Nearer, my God, to Thee,
  Nearer to Thee!

2 Though like the wanderer,
  The sun gone down,
Darkness be over me,
  My rest a stone,
Yet in my dreams I 'd be
Nearer, my God, to Thee,
  Nearer to Thee!

3 There let the way appear,
  Steps unto heaven;
All that Thou sendest me,
  In mercy given;
Angels to beckon me
Nearer, my God, to Thee,
  Nearer to Thee!

4 Then, with my waking thoughts
  Bright with Thy praise,
Out of my stony griefs
  Bethel I 'll raise;
So by my woes to be
Nearer, my God, to Thee,
  Nearer to Thee!

5 Or if, on joyful wing
  Cleaving the sky,
Sun, moon, and stars forgot,
  Upward I fly,
Still all my song shall be,
Nearer, my God, to Thee,
  Nearer to Thee!

IS IT NOTHING TO YOU, ALL YE THAT PASS BY?

2 Tra syllem yn brudd ar yr afon
  A lifai mewn rhyddid is-law,
  Gofvnent am gân ; ond i'r estron
    Hyn byth o orfoledd ni ddaw!
  Cyn chwareu telynau pêr Seion
    I'r gelyn, byth gwywed fy llaw!

3 Y delyn ar helyg ganghenau,
    O Salem! a grog uwch y lli!
  Nis gad'wyd o ddydd dy wychderau
    I mi un cofarwydd ond hi;
  A byth ni chymysgir ei seiniau
    A llais yr ysbeilydd gan i!

2 While sadly we gazed on the river
  Which roll'd on in freedom below,
  They demanded a song; but, oh, never
    That triumph the stranger shall know!
  May this right hand be wither'd forever,
    Ere it string our high harp for the foe!

3 On the willow the harp is suspended,
    Oh, Salem! its sounds should be free;
  And the hour when thy glories were ended
    But left me that token of thee;
  And ne'er shall its soft tunes be blended
    With the voice of the spoiler by me!

Tune TALIESIN, p. 157.

M. 23.
Cyfceithiad o.

1 CHWI wawdwyr di-foes,
  Neshewch at y Groes,
  I weled y Ceidwad
    Yn nyfnder ei loes;
  Mae'n rhoddi i lawr
  Ei fywyd yn awr,
  Yn lle ei elynion
    Er hylled eu gwawr.

2 Am feiau di-ri'
  Rhai euog fel chwi
  Y mae y dieuog
    A'i ruddwaed yn lli;
  Yr Arglwydd, yn nydd
  Dialedd, y sydd
  Yn taro'i anwylfab,
    I'ch gollwng chwi'n rhydd.

3 Ar groesbren prydnawn,
  E dalod Ef Iawn
  Digonol dros feiau
    Y ddaear yn llawn;
  Dros rai fel chwychwi,—
  Dros un fel myfi,
  Y gwaeddodd; "O maddeu."
    Gwrandawyd ei gri.

4 "Gorphenwyd;" medd Ef,
  "Boddlonwyd;" o'r Nef
  Ddisgynai fel adsain
    Berseiniol ei lef;
  Er dyfned fy mriw,
  Mae gobaith caf fyw.
  'Rwyn gorphwys yn hollol
    Ar Iesu, fy Nuw.

5, 6, or 10, 11, 10, 11.
Is it nothing to you, all ye that pass by?

1 ALL ye that pass by,
  To Jesus draw nigh;
  To you is it nothing
    Your Saviour should die?
  Your ransom and peace,
  Your surety He is:
  Come, see if there ever
    Was sorrow like his.

2 For what you have done,
  His blood must atone:
  The Father hath given
    For you his dear Son:
  The Lord, in the day
  Of his anger, did lay
  Your sins on the Lamb, and
    He bore them away.

3 He answered for all:
  Oh, come at his call,
  And low at his feet in
    Astonishment fall:
  For you and for me
  He prayed on the tree:
  The prayer is accepted,
    The sinner is free.

4 Oh, lift up your eyes,
  "'T is finished," he cries:
  Impassive, He suffers;
    Immortal, He dies.
  My pardon I claim;
  A sinner I am,
  A sinner believing
    In Jesus' great name.

183. WHEN SHALL WE MEET AGAIN?

WHEN SHALL WE MEET AGAIN?

2 'Bryd y rhed cariad pur, Fel afon lifeiriol,
   Pan na chawn boen na chur, Ingau mynwesol?
   Pan draidd y nefoedd drwy
   Bob calon 'n wynfyd uwy,
   Heb ofni 'madael mwy,
   Oesau tragwyddol.

3 Draw i fro gwlad y gwawl, Dwg ni ein Gwaredydd;
   Yno i fwyn seinio'th fawl, Byth yn dragywydd;
   Lle trig y saint uwch ser,
   Boed sain ein halaw bêr,
   Hyfrydu'n ngwedd ein Ner
   Fyddo'n llawenydd.

4 Buan cawn gwrdd ynghyd, Cwrdd byth i wahanu;—
   Cario'n braint—Coron bryd—byth i'n mawrygu.
   Cawn orphwys yn y nef
   A chanu'n llon ein llef,
   Yr anthem, "Iddo ef,"
   Bythol heb dewi.

2 When shall love freely flow, Pure as life's river,
   When shall sweet friendship glow, Changeless forever?
   Where joys celestial thrill,
   Where bliss each heart shall fill,
   And fears of parting chill,
   Never; no, never.

3 Up to that world of light, Oh, take us, dear Saviour!
   May we there all unite, Happy forever;
   Where kindred spirits dwell,
   There may our music swell,
   And time our joys dispel,
   Never; no, never.

4 Soon shall we meet again, Meet never to sever,
   Soon shall peace wreath her chain, Round us forever:
   Our hearts will then repose,
   Secure from worldly woes;
   Our songs of praise shall close,
   Never; no, never.

JUDGMENT HYMN.

184 TREDEGAR. M. 68. [87, 88, 7.]

M. 68.

Y dydd diweddaf.

1 Duw mawr! pa beth a welaf draw?
Diwedd a braw i'r hollfyd;
Mi wela 'r Barnwr yn nesâu
Ar glaer gymylau tanllyd:
Yr udgorn mawr yn seinio sydd
A'r beddau 'n rhoddi eu meirw'n rhydd,
I wae neu ddydd o wynfyd.

2 Ac wrth y floedd y meirw'n Nghrist
Yn gyntaf a gyfodant;
I gwrdd eu Harglwydd fry uwchben,
Yn llawen yr esgynant;
Ei bresenoldeb dwyfol sydd,
Yn troi eu nos yn fythol ddydd
A'u gobaith prudd yn fwyniant.

3 O'r beddau daw 'r annuwiol rai
I ing a gwae tragwyddol;
Eu dagrau a'u gweddiau dwys
Sy'n awr yn aneffeithiol;
Er ofnau fyrdd rhaid myn'd yn mlaen
I gwrdd â'r Duw sy'n ysol dân
O flaen yr orsedd farnol.

4 O Farnwr Cyfiawn! gwrando 'n cri,
Sydd mewn trueni 'n gorwedd,
O'th nefol ras tosturia Di,
A dod i ni drugaredd!
O fewn y noddfa caffer ni,
Agorwyd gynt ar Galfari,
Cyn delo dydd dialedd.

87, 88, 7.

Judgment Hymn.

1 GREAT God, what do I see and hear!
The end of things created!
The Judge of man I see appear,
On clouds of glory seated:
The trumpet sounds; the graves restore
The dead which they contained before;
Prepare, my soul, to meet Him.

2 The dead in Christ shall first arise,
At the last trumpet's sounding,
Caught up to meet Him in the skies,
With joy their Lord surrounding;
No gloomy fears their souls dismay,
His presence sheds eternal day
On those prepared to meet Him.

3 But sinners, filled with guilty fears,
Behold his wrath prevailing;
For they shall rise, and find their tears
And sighs are unavailing:
The day of grace is past and gone;
Trembling they stand before the throne,
All unprepared to meet Him.

4 Great God! what do I see and hear!
The end of things created!
The Judge of man I see appear,
On clouds of glory seated:
Beneath his cross I view the day
When heaven and earth shall pass away,
And thus prepare to meet Him.

185 THE FAMILY BIBLE.

1 Hwn ydyw'r oll adawyd i'm,
   Mewn hiraeth 'rwyf o'r bron,
Mewn teimlad dwys, a dagrau'n llu,
   Mi'i gwasgaf at fy mron:
Mae llawer oes o'n teulu'n myn'd,
   Ond hwn yw'n BEIBL NI!
Bu'n llaw fy mam ar lawer tro,—
   Wrth farw—rho'dd i mi.

2 Ac O! mor dda y cofiaf am
   Yr enwau sy' ynddo'n, llwyr,
O amgylch yr hen aelwyd doent,
   Ar ol pob gweddi'r hwyr,
Gan adrodd peth o'i gynwys mawr,
   Nes toddi'm calon i;
Ar ol ei rhoddi yn y bedd—
   Maent eto gyda ni.

3 Fy nhad ddarllenodd lawer gwaith
   I'm brodyr, anwyl ryw,
O! olwg dawel f'anwyl fam,
   Wrth wrando Gair ei Duw;
Dychmygaf wel'd ei santaidd wedd;—
   'Rwy'n meddwl, lawer tro,
Cawn gydgyfarfod, oll yn llon,
   O fewn y nefol fro.

1 THIS book is all that's left me now,
   Tears will unbidden start;
With faltering lip and throbbing brow,
   I press it to my heart:
For many generations past
   Here is our family tree;
My mother's hands this Bible clasped,
   She, dying, gave it me.

2 Ah! well do I remember those,
   Whose names these records bear,
Who round the hearthstone use to close
   After the evening prayer,
And speak of what these pages said,
   Its tones my heart would thrill!
Though they are with the silent dead,
   Here are they living still.

3 My father read this holy book
   To brothers, sisters dear,
How calm was my poor mother's look,
   Who leaned God's word to hear:
Her angel face—I see it yet!
   What thronging memories come!
Again that little group is met
   Within the walls of home.

186 KIND WORDS CAN NEVER DIE.

1 Gair mwyn, ni farw byth,
  Llawenydd gawn,
Duw wyr lle mae ei nyth
  Mewn mynwes lawn;
Fel chwedl plentyn bydd,
Yn byblu nos a dydd,
Ar bob tymorau sydd,
  Yn lloni'r fron.
Gair mwyn, ni farw byth,
  Farw byth, farw byth;
Gair mwyn, ni farw byth,
  Ni farw byth.

2 Meddyliau anwyl, fu,
  Ni farw byth,
Er fel blodeuyn cu
  Yn colli'i wlith;
Pan ddelo'r gwlith i lawr,
Dysgleiria fel y wawr,
Mewn adnewyddiad mawr,
  Blodeuant hwy.
Meddyliau anwyl, fu,
  Anwyl, fu, anwyl, fu;
Meddyliau anwyl, fu,
  Do, anwyl, fu.

1 Kind words can never die,
  Cherished and blest,
God knows how deep they lie,
  Stored in the breast;
Like childhood's simple rhymes,
Said o'er a thousand times,
Go through all years and climes,
  The heart to cheer.
Kind words can never die,
  Never die, never die;
Kind words can never die,
  No, never die.

2 Sweet thoughts can never die,
  Though like the flowers,
Their brightest hues may fly
  In wintry hours;
But when the gentle dew
Gives them their charms anew,
With many an added hue,
  They bloom again.
Sweet thoughts can never die,
  Never die, never die;
Sweet thoughts can never die,
  No, never die.

THE ORPHAN'S SONG.

187

1 Bu Iesu farw ar y groes,
 Dyoddefodd dros fy mai;
 Ac adgyfodi wnaeth mewn hedd
 O'r bedd i'm cyfiawnhau.
  Ond credu'r wyf, a chredu wnaf.

2 Ymbwyso wnaf, er maint fy mai,
 Ar eiriau f' Arglwydd cu;
 Y dw'r a'r gwaed ddaeth dan ei fron,
 A bura 'nghalon i.

3 Gwel ffydd yr hen addewid gref,
 O eiddo'r Nef i ni;   [wir,
 A chwardd ar bob rhyw rwystrau'n
 Gan dd'weyd, "Cyflawnir hi!"

4 O doed ar frys y ddedwydd awr,
 Bydd Iesu mawr ei hun
 Wedi adferu f' enaid oll,
 Yn ddigoll ar ei lun.

5 O Arglwydd Dduw, bydd imi'n rhan,
 'Dwy'n chwenych ond tydi;
 Cyn myned i'm tragwyddol fan,
 Datguddia'th hun i mi.

6 Fy enaid yn hiraethu sydd
 Bob dydd am gael y fraint;
 Cael byw yn ngwedd dy wyneb cu,
 A'th garu fel dy saint.

1 I KNOW that my Redeemer lives,
 And ever prays for me;
 A token of his love He gives,—
 A pledge of liberty.
  I do believe, I will believe.

2 I find Him lifting up my head,
 He brings salvation near;
 His presence makes me free indeed,
 And He will soon appear.

3 He wills that I should holy be!
 What can withstand his will?
 The counsel of his grace in me
 He surely shall fulfil.

4 Jesus, I hang upon Thy word,
 I steadfastly believe
 Thou wilt return, and claim me, Lord,
 And to Thyself receive.

5 When God is mine, and I am his,
 Of paradise possess'd,
 I taste an unutterable bliss,
 And everlasting rest.

6 Lord, I believe a rest remains
 To all Thy people known;
 A rest where pure enjoyment reigns,
 And Thou art loved alone.

188. I WANT TO BE AN ANGEL.

1 Dymunwn fod yn angel,
   Gyda'r angelion draw,
Ac ar fy mhen y goron,
   A'r delyn yn fy llaw;
Yn ymyl fy Iachawdwr,
   Mor ogoneddus sydd,
I gyffro fy mheroriaeth
   Felusaf, nos a dydd.

2 Ni flinaf byth fod yno,
   Ni chollaf ddagrau'n hwy,
Gofidus byth ni byddaf,
   Ni theimlaf arswyd mwy;
Ond gwynfyd pur a santaidd,
   Caf gyda'r Iesu fod,
A chyda mil o filoedd
   Yn seinio byth ei glod.

3 Wyf wan a gwael bechadur,
   Ond Iesu faddeu'n wiw,
Can's lluaws o blant bychain
   A aeth i'r nef i fyw;
O anwyl, anwyl Iesu,
   Pan marw byddaf fi,
O anfon di dy angel
   I'm dwyn i'r nefoedd fry.

4 Ac yno byddaf angel,
   Caf sefyll yn eu plith,
Ac ar fy mhen y goron,
   Chwar'af y delyn byth;
Ac yno ger bron Iesu,
   Mor ogoneddus fydd,
Mi unaf i gerddori,
   A'i foli, nos a dydd.

1 I want to be an angel,
   And with the angels stand,
A crown upon my forehead,
   A harp within my hand;
There right before my Saviour,
   So glorious and so bright,
I'd wake the sweetest music,
   And praise Him day and night.

2 I never would be weary,
   Nor ever shed a tear,
Nor ever feel a sorrow,
   Nor ever know a fear;
But blessed, pure, and holy,
   I'd dwell in Jesus' sight,
And with ten thousand thousands
   Praise Him both day and night.

3 I know I'm weak and sinful,
   But Jesus will forgive,
For many little children
   Have gone to heaven to live;
Dear Saviour, when I languish,
   And lay me down to die,
Oh, send a shining angel
   To bear me to the sky.

4 Oh, there I'll be an angel,
   And with the angels stand,
A crown upon my forehead,
   A harp within my hand;
And there before my Saviour,
   So glorious and so bright,
I'll join the heavenly music,
   And praise Him day and night.

189 I'LL AWAY TO THE SABBATH-SCHOOL.

1 Pan ddaw gwawr y dydd
  Ffoa'r t'wllwch prudd,
O flaen haul a'i b'lydrau fil;
  Pan yr amser ddaw,
  Yn agos i'r awr naw,
Ni a awn i'r Ysgol Sul;
  Am mai yno 'rym yn nghyd,
  A'n calonau o unfryd,
  'Rwyf yn caru bod mewn pryd,
  Yn yr Ysgol Sul.
    Ni a awn, ni awn, ni a awn, ni awn.
    Ni a awn i'r Ysgol Sul.

2 Yno y caf fi,
  Weled brodyr lu,
Yn cyd-foli ar yr awr;
  Yno'm calon fydd,
  'N llawn ar hyd y dydd,
Gan y pleser sydd mor fawr;
  Yn y Gyfrol Santaidd Air,
  Llawn o gyngor ynddo ceir,
  Tywys i'enetyd ganddo wneir,
  Tua'r Ysgol Sul.
    Ni a awn. ni awn, &c.

1 When the morning light
  Drives away the night,
With the sun so bright and full,
  And it draws the line
  Near the hour of nine,
I'll away to the Sabbath-school;
  For 't is there we all agree,
  All with happy hearts and free,
  And I love to early be
  At the Sabbath-school.
    I'll away, away, I'll away, away!
    I'll away to the Sabbath-school.

2 In the class I meet
  With the friends I greet,
At the time of morning prayer;
  And our hearts we raise
  In a hymn of praise,
For 't is always pleasant there:
  In the Book of holy truth,
  Full of counsel and reproof,
  We behold the guide of youth,
  At the Sabbath-school.
    I'll away, away, etc.

190. ON THE CROSS.

1 O WELE, welc, 'chwi Oen Duw,
    Ar y groes, ar y groes,
Tywalltodd drosom ei waed gwiw,
    Ar y groes, ar y groes;
Gwrandewch ei holl bwysfawredd gri,
"Eloi lama sabacthani!"
Nesewch i wel'd ein Ceidwad cu,
    Ar y groes, ar y groes.

2 P'le bynag af, ymffrostiaf fi,
    Am y groes, am y groes,
Mewn arall, dim gogoniant sy'
    Ond y groes, ond y groes;
Gaiff fod fy unig destun, trwy
Fy oes, a thragwyddoldeb mwy,
Am Iesu Grist a'i farwol glwy',
    Ar y groes, ar y groes.

3 Doed pob gofidus, doed yn mla'n,
    At y groes, at y groes;
A doed pob Cristion, seinied gân,
    Am y groes, am y groes;
Doed pob pregethwr, yma 'thraw,
Gan dd'weyd, a'r Beibl yn ei law,
Trugaredd râd i bawb a ddaw,
    At y groes, at y groes.

1 BEHOLD! behold, the Lamb of God
    On the cross, on the cross;
For you He shed his precious blood
    On the cross, on the cross;
Now hear his all-important cry,
"Eloi lama sabacthani!"
Draw near and see your Saviour die
    On the cross, on the cross.

2 Where'er I go, I'll tell the story
    Of the cross, of the cross,
In nothing else my soul shall glory
    Save the cross, save the cross;
Yes, this my constant theme shall be,
Through time and in eternity,
That Jesus suffered death for me
    On the cross, on the cross.

3 Let every mourner come and cling
    To the cross, to the cross,
Let every Christian come and sing
    Round the cross, round the cross;
Here let the preacher take his stand,
And with the Bible in his hand
Proclaim the triumphs of the Lamb
    On the cross, on the cross.

191. OH! I WANT TO CROSS OVER.

1 A DDARFU i chwi glywed am gysur mor fawr,
I'r hwn mae ein Ceidwad yn gwahodd yn awr,
Mae wedi ei bennodi i'r pur ac heb haint,
Mae dros yr Iorddonen, lle gorphwys y saint.

CYDGAN.

Ac O am fyn'd drosodd, ddowch chwi? lle mae'n bod,
I uno â'r angelion dderchafu ei glod,
Mae arnaf chwant uno, â achubwyd trwy ffydd,
Iê, dros yr hen afon, fy etifeddiaeth i sydd.

2 Cawn donau ewynog yr angeu, gwir yw,
Ond yno'r gogoniant na welwyd ei ryw,
Caniadau na chlywyd eu bath gan un dyn,
A'r Iesu a'n dyga trwy'r afon ei hun.
　　Ac O am fyn'd trosodd, &c.

1 Oh, have you not heard of that realm of delight,
To which the blessed Saviour doth each one invite;
'Tis prepared for the good, and the pure, and the blessed;
'Tis o'er the river, where the weary find rest.

CHORUS.

Oh! I want to cross over, don't you? where He reigns, [plains;
And join the glad angels on Eden's fair
I want to be gathered with all the redeemed;
Yes, over the river, where the fields are all green.

2 True, death's foaming billows are rolling between, [not seen;
But glories are there such as eye hath
And songs are there such as ear hath not caught; [hath taught.
And the way o'er the river the Saviour
　　Oh! I want to cross over, etc.

SOLDIERS OF GOD.

INVITATION TO CHRIST.

193 COME TO JESUS.

Dowch at Iesu.

1 Dowch at Iesu, dowch at Iesu,
  Dowch at Iesu 'r awrhon;
  'R awrhon, dowch at Iesu,
  Dowch at Iesu 'r awrhon.

2 Ef a'ch ceidw, 'r awrhon, &c.
  ACT. xvi. 31.

3 Credwch ynddo, 'r awrhon, &c.
  IOAN iii. 16.

4 Mae'n alluog, 'r awrhon.
  HEB. vii. 25.

5 'Fe 'ch derbynia, 'r awrhon.
  IOAN vi. 37.

6 Rhedwch ato, 'r awrhon.
  MAT. iii. 7.

7 Gelwch arno, 'r awrhon.
  ACT. ii. 21.

8 'Fe 'ch gwrandawa, 'r awrhon.
  MARC x. 52.

9 Ef a'ch pura, 'r awrhon.
  1 IOAN i. 9.

10 'Fe 'ch dillada, 'r awrhon.
  RHUF. iii. 5.

11 Mae'n eich caru, 'r awrhon.
  IOAN xv. 13.

Invitation to Christ.

1 COME to Jesus, come to Jesus,
  Come to Jesus just now;
  Just now come to Jesus,
  Come to Jesus just now.

2 He will save you, just now, etc.
  ACTS xvi. 31.

3 Oh, believe Him just now, etc.
  JOHN iii. 16.

4 He is able.
  HEB. vii. 25.

5 He'll receive you.
  JOHN vi. 37.

6 Then flee to Jesus.
  MATT. iii. 7.

7 Call unto Him.
  ACTS ii. 21.

8 He will hear you.
  MARK x. 52.

9 He will cleanse you.
  1 JOHN i. 7.

10 He will clothe you.
  REV. iii. 5.

11 Jesus loves you.
  JOHN xv. 13.

194   TOUCH NOT THE CUP.

1 Gochel y cwpan, mae'n farwol i ti,
   Gochel y cwpan, gochel y cwpan.
Llawer a adwaen a yfodd yn hy,
   Gochel y cwpan, gochel o.
'N dawel eu bryd nad oedd niwed yn bod,
Nes iddynt gael yn y delm fod eu troed.
Ffo, y mae twyll yn ei waelod erioed,
   Gochel y cwpan, gochel o.

2 Gochel y cwpan a llewyrch y gwin,
   Gochel y cwpan, gochel y cwpan:
Er iddo 'mddangos yn dêg i dy fin,
   Gochel y cwpan, gochel o.
Colyn y sarff yn ei waelod o sydd,
'N ddwfwn ei fâr yn dy enaid a rydd,
Ie, dy boen yn dragywydd a fydd,
   Gochel y cwpan, gochel o.

1 Touch not the cup, it is death to thy soul;
   Touch not the cup, touch not the cup.
Many I know who have quaffed from the bowl,
   Touch not the cup, touch it not.
Little they thought that the demon was there,
Blindly they drank, and were caught in the snare;   [ware!
Then of that death-dealing bowl, oh, be-
   Touch not the cup, touch it not.

2 Touch not the cup when the wine glistens bright,
   Touch not the cup, touch not the cup.
Though like the ruby it shines in the light,
   Touch not the cup, touch it not. [bowl,
The fangs of the serpent are hid in the
Deeply the poison will enter thy soul;
Soon will it plunge thee beyond thy control,
   Touch not the cup, touch it not.

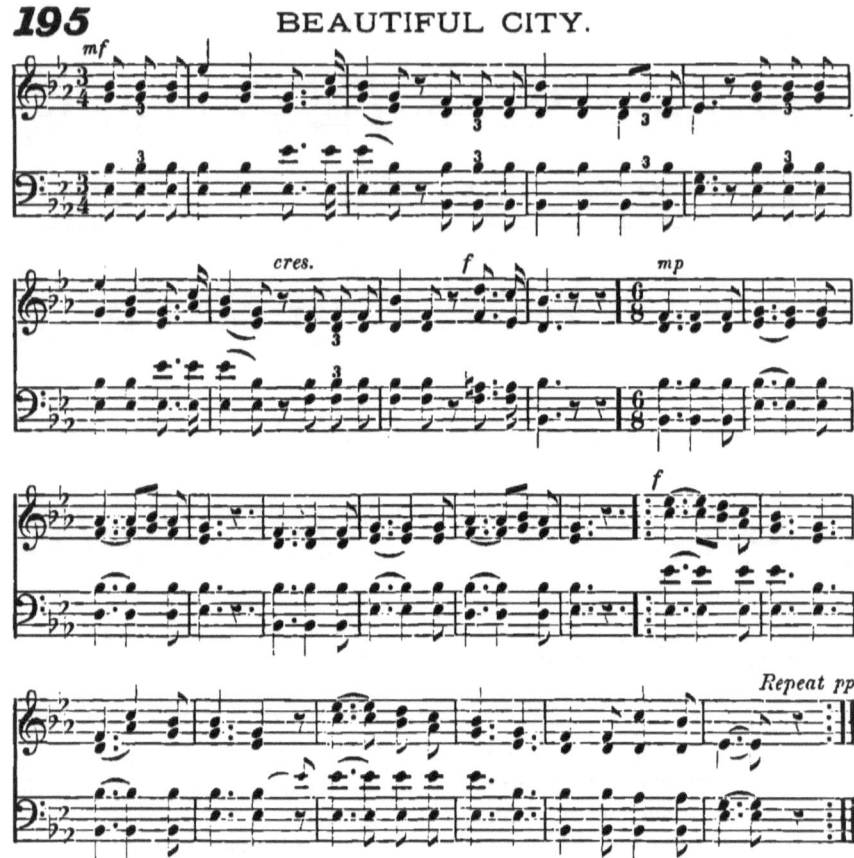

Prydferth yw Seion.

1 Prydferth yw Seion, adeilad fry,
Prydferth yw'r ddinas,—caraf hi!
Prydferth yw'r pyrth o berlaidd liw
Prydferth yw'r deml—llawn o Dduw.
Ef a fu farw ar Galfari,
Egyr y perlaidd byrth i ni.
 Seion, Seion, hawddgar Seion,
Prydferth yw Seion, dinas dêg ein Duw.

2 Prydferth yw'r nefoedd—nos ni bydd,
Prydferth yw'r engyl glân y sydd;
Prydferth yw'r ceinciau sy'n y 'stôr,
Prydferth delynau drwy'r holl gôr;
Yno caf uno'r gydgan fyw
Addoli wrth draed fy Iesu gwiw.
 Seion, Seion, &c.

Beautiful Zion.

1 Beautiful Zion, built above,
Beautiful city that I love!
Beautiful gates of pearly white,
Beautiful temple—God its light!
He who was slain on Calvary
Opens those pearly gates to me.
 Zion, Zion, lovely Zion,
Beautiful Zion, city of our God.

2 Beautiful heav'n where all is light,
Beautiful angels clothed in white;
Beautiful strains that never tire,
Beautiful harps through all the choir.
There shall I join the chorus sweet,
Worshipping at the Saviour's feet.
 Zion, Zion, lovely Zion, etc.

DEATH.

196 MOUNT VERNON.

Marwolaeth.

1 Gristion hawddgar daeth yr adeg
  It' chedeg at dy Dad.
  Gad dy lesgedd, hwylia'th edyn,
  Cyfod, cychwyn tua'th wlad.

2 Sych dy ddagrau, dechreu ganu,
  Darfu'th bechu, darfu'th boen;
  Ti gei bellach dawel orphwys
  Yn mharadwys gyda'r oen.

3 Er fod afon angeu'n dònog,
  A llen niwlog dros y glyn,
  Gwel dy briod cu yn dyfod
  I'th gyfarfod y pryd hyn.

4 Dacw'r gelyn wrth ei gadwyn,
  Heb ei golyn, dan ei glwy';
  Dacw uffern wedi'i maeddu!
  Gristion, pa'm yr ofni mwy?

Death.

1 Sister, thou wast mild and lovely,
  Gentle as the summer's breeze;
  Pleasant as the air of evening,
  When it floats among the trees.

2 Peaceful be thy silent slumber,
  Peaceful in thy grave so low,
  Thou no more wilt join our number,
  Thou no more our songs shall know.

3 Dearest sister, thou hast left us,
  How thy loss we deeply feel;
  But it's God that hath bereaved us,
  He can all our sorrows heal.

4 Yet again we hope to meet thee,
  When the day of life is fled, [thee,
  When in heaven with joy we'll greet
  Where no farewell tear is shed.

THE LITTLE CHILD'S WELCOME.

197 THE LITTLE WANDERER.

Dewch blant at Iesu.

1 O DEWCH blant bychain dewch, O
  dewch,
  At Iesu Grist, llawn groesaw gewch,
  Mae'n awr yn galw, clywch ei gri,
  "Gadewch i blant ddod ataf fi,"
  "Gadewch i blant ddod ataf fi."

2 Ei freichiau tyner sydd ar led,
  O, blentyn bychan iddynt rhed:
  Fe'th goledd yn ei fynwes glyd,
  Fe'th geidw'n ddyogel ar bob pryd.

3 Mae' i serch yn fwy nag eiddo mam,
  Gwareda'i blant rhag pob rhyw gam;
  Fe'u ceidw rhag gelynion lu,
  Fe'u cymer yn ei fynwes fry.

4 Cant fythol wledda ger ei fron
  O fewn trigfanau'r Wynfa lon;
  Gwel'd ei ogoniant yn ddi-len,
  A'i wir goroni Ef yn ben.

The Little Wanderer.

1 JESUS, to Thy dear arms I flee,
  I have no other help but Thee;
  For Thou dost suffer me to come,
  Oh, take a little wand'rer home,
  Oh, take a little wand'rer home.

2 Jesus, I'll try my cross to bear,
  I'll follow Thee and never fear;
  From Thy dear fold I would not roam;
  Oh, take a little wand'rer home.

3 Jesus, I cannot see Thee here,
  Yet still I know Thou 'rt very near;
  Oh, say my sins are all forgiven,
  And I shall dwell with Thee in heaven.

4 And now, dear Jesus, I am Thine,
  Oh, be Thou ever, ever mine,
  And let me never, never roam
  From Thee, the little wand'rer's home.

198. BEAUTIFUL LAND OF REST.

Yn ddyeithr yma.

1 Jerusalem, O gartref clyd,
    Hyfryd yw'r fro i fyw;
  Yn mhell o swn ystormydd byd,
    Hyfryd yw'r fro i fyw.
  Ni welir cwmwl uwch y lle,
  Disglaerdeb pur sydd vny ne',
    Jerusalem, Jerusalem,
      Mor hyfryd yw'r fro i fyw.
    Hyfryd yw'r fro, hyfryd yw'r fro,
      Hyfryd yw'r fro i fyw,
    Hyfryd yw'r fro, &c.

2 Jerusalem, gwlad rhyddid llawn,
    Hyfryd yw'r fro i fyw,
  Gorphwysfa lonydd yno gawn,
    Hyfryd yw'r fro i fyw.
  Mor beraidd yno fydd ein cân,
  "A'n holl gadwynau 'n chwilfriw
    Jerusalem, &c.   [mân."

A Stranger here.

1 Jerusalem, forever bright,
    Beautiful land of rest;
  No winter there, nor chill of night,
    Beautiful land of rest!
  The dripping cloud is chas'd away,
  The sun breaks forth in endless day,
    Jerusalem, Jerusalem,
      The beautiful land of rest.
    Beautiful land, beautiful land,
      Beautiful land of rest,
    Beautiful land, etc.

2 Jerusalem, forever free,
    Beautiful land of rest!
  The soul's sweet home of Liberty,
    Beautiful land of rest!
  The gyves of sin, the chains of woe,
  The ransomed there will never know.
    Jerusalem, etc.

THE SAVIOUR.

199. SWEET HOME.

My Mam.

1 Pan oeddwyn ni yn faban tyner a gwiw,
Fel cwch ar y cefnfor heb angor na llyw,
A myrdd o beryglon yn bygwth bob nam,
Fy unig amddiffyn oedd cysgod fy mam.
  Mam, mam, hoff fam,
  'Does neb fel fy mam,
  O does neb fel fy mam.

2 Pan dyfais yn fachgen gwyllt, ofer fy myrd,
A dechreu ymddirwyn yn nrhoion y byd,
Mynychu tafarndai, a rhoi a chael cam,
Fe'm cadwyd rhag medd'dod trwy ofal fy mam.
  Mam, mam, hoff, &c.

3 Am Bethle'm, a'r preseb, hi soniai mor syn,
Am ardd Gethsemane, a Chalfari fryn;
Fy arwain i gwmni yr Iesu dinam,
Byth bythoed mid fyddaf yn nyled fy mam.
  Mam, mam, hoff, &c.

The Saviour.

1 Thy heart to the Saviour, O sinner, now give, [and live;
Why linger and perish? come to Him
One look to my Jesus dispels all thy gloom; [thee safe home.
He will save thee from hell, and bring
  Home, home, sweet home,
  He'll save thee from hell, and He'll bring thee safe home.

2 To Jesus, my Saviour, I live every hour; [power;
I live by his grace and I trust in his
His guidance I'll seek wherever I shall roam; [me safe home.
He'll guide me on earth, and He'll bring
  Home, home, sweet home, etc.

3 Our home is not here, 't is above, where the poor, [no more,
The tempted, and tried ones will suffer
Where sorrow and sighing, where pain cannot come; [is our home.
On earth we are strangers, but heaven
  Home, etc.

200. SCATTER SEEDS OF KINDNESS.

1 Dyfal gasglwn haulbelydrau,
    Britho'n llwybrau mae y rhai'n;
  Cadw wnawn y grawn a'r blodau,
    Taflwn heibio'r us a'r drain:
  Yfwn beunydd o'r melusion,
    Sydd o'n hamgylch ar bob llaw;
  Gyda thawel law amynedd,
    Trown y drysni heibio draw.
      Gwasgarwn had tiriondeb,
      Gwasgarwn had tiriondeb,
      Gwasgarwn had tiriondeb,
        Cawn ei fedi yn y man.

2 Pan y peidia'r adar ganu,
    Gwerthfawrogir swyn eu can;
  Mwy yw gwerth pereidd-dra'r rhosyn
    Ar ol gwywo'i ddalen lan;
  Llawer tecach—mwy dymunol,
    Ydyw'r haf, a'i hyfryd wawr,
  Pan ysgydwa'r gauaf gerwin
    Gnwd o eira dros y llawr.—Cyd.

1 Let us gather up the sunbeams
    Lying all around our path;
  Let us keep the wheat and roses,
    Casting out the thorns and chaff.
  Let us find our sweetest comfort
    In the blessings of to-day,
  With a patient hand removing
    All the briars from the way.
      Then scatter seeds of kindness,
      Then scatter seeds of kindness,
      Then scatter seeds of kindness,
        For our reaping by and by.

2 Strange we never prize the music
    Till the sweet-voiced bird is flown!
  Strange that we should slight the violets
    Till the lovely flowers are gone!
  Strange that summer skies and sunshine
    Never seem one-half so fair
  As when winter's snowy pinions
    Shake the white down in the air.—Cho.

201 OH, HOW HE LOVES.

1 Un a gefais i mi'n gyfaill,
    Pwy fel Efe!
Hwn a gâr yn hwy nag eraill,
    Pwy fel Efe!
Cyfnewidiol ydyw dynion,
A siomedig yw cyfeillion:
Hwn a bery byth yn ffyddlon;
    Pwy fel Efe!

2 F'enaid glŷn wrth Grist mewn cyni,
    Pwy fel Efe!
Ffyddlawn yw yn mhob caledi,
    Pwy fel Efe!
Os yw pechod yn dy dd'rysu,
Anghrediniaeth am dy lethu,
Hwn a ddichon dy waredu,
    Pwy fel Efe!

3 Dy gamweddau a ddilea,
    Pwy fel Efe!
Dy elynion oll fe'u maedda,
    Pwy fel Efe!
Cai bob bendith i dy feddiant,
Hedd a chariad a'th ddilynant;
Crist a'th arwain i ogoniant,
    Pwy fel Efe!

1 One there is above all others,
    Oh, how He loves!
His is love beyond a brother's,
    Oh, how He loves!
Earthly friends may fail or leave us,
One day soothe, the next day grieve us;
But this Friend will ne'er deceive us,
    Oh, how He loves!

2 'Tis eternal life to know Him,
    Oh, how He loves!
Think, oh, think how much we owe
    Oh, how He loves! [Him,
With his precious blood He bought us,
In the wilderness He sought us,
To his fold He safely brought us,
    Oh, how He loves!

3 Blessed Jesus! would you know Him,
    Oh, how He loves!
Give yourselves entirely to Him,
    Oh, how He loves!
Think no longer of the morrow,
From the past new courage borrow,
Jesus carries all your sorrow,
    Oh, how He loves!

202. GOD IS NEAR.

Duw yn agos.

1 Mae Duw 'n agos,
　Drwy bob dunos
　　Dyga di,
　Er dy groesau,
　I ororau
　　Nefoedd fry.

2 Mewn llawenydd,
　Edrych beunydd
　　Tua 'r nef;
　Cyfaill ffyddlon
　Pererinion
　　Ydyw ef.

3 Yr aderyn
　Gwan sy'n esgyn
　　Uwch y don,
　Pan y llefa,
　Duw a nertha'i
　　Unig fron.

Thou art near.

1 God is near thee,
　Therefore cheer thee,
　　Sad soul!
　He 'll defend thee,
　When around thee
　　Billows roll.

2 Calm thy sadness,
　Look in gladness
　　On high!
　Faint and weary,
　Pilgrim, cheer thee!
　　Help is nigh!

3 Hark the sea-bird,
　Wildly wheeling
　　Through the skies;
　God defends him,
　God attends him,
　　When he cries!

ANTHEMAU CYNNULLEIDFAOL.
CONGREGATIONAL ANTHEMS.

Op. 30. No. 1.

AR LAN IORDDONEN DDOFN.

Deep Jordan's Banks I Tread.

AR LAN IORDDONEN DDOFN.

DEEP JORDAN'S BANKS I TREAD.

No. 2.

Wele! r'wyf yn Sefyll wrth y drws, ac yn curo.

Behold! I Stand at the Door and Knock.

BEHOLD! I STAND AT THE DOOR AND KNOCK.

No. 4.
MOLIANT I'R IESU.
Perfected in Jesus.

PERFECTED IN JESUS.

PERFECTED IN JESUS.

MOLIANT I'R IESU.

PERFECTED IN JESUS.

No. 5.
TEILWNG YW'R OEN.
Worthy is the Lamb.

Bass Solo. Key A.
Andante. *mf*

Mi glyw - ais uch - el lef . . . . Gan
I heard from heaven a voice, ... The

dyr - fa yn y nef, ... Yn dy - wed - yd;
sound of loud re - joice, ... And say - ing;

p 1st Soprano.
p 2d Soprano.

"Al - e - liw - ia; Iachawd-wr - iaeth, a go - gon - iant, ac an - rhyd - edd, a
"Al - le - lu - ia; Might and hon - or, praise and bless-ing, and thanksgiv - ing, and

p 1st Alto.
p 2d Alto.

gall - u, i'r Ar - glydd ein Duw ni, ac i'r Oen."
glo - ry to our Lord and God, and to the Lamb."

WORTHY IS THE LAMB.

TEILWNG YW'R OEN.

WORTHY IS THE LAMB.

WORTHY THE LAMB.

INDEX OF FIRST LINES (WELSH).

	NO.
A ddarfu i chwi glywed am	191
A raid i'r Iesu mawr ei hun	38
Achub Seion, Arglwydd Ior	156
Aed efengyl, fel y wawrddydd	150
Af at yr orsedd fel yr wyf......*Wm. Williams.*	23
Agorwyd ffynon i'n glanhau......*Anon.*	20
Ai marw raid i mi......*Anon.*	4
Am angeu'r groes mae canu'n awr. *Wm. Williams.*	29
Angelion ddo'nt yn gyson......*Wm. Williams.*	95
Anweledig! 'r wy' n dy garu	119
Ar for tymhestlog......*Ieuan G. Geirionydd.*	32
Ar lan Iorddonen ddofn	178
Ar fyr fe dderfydd galar	97
Arglwydd arwain trwy'r anialwch. *Wm. Williams.*	85
Arglwydd clywaswn cawodydd......*I. Gwyllt.*	94
Ar lan'r Iorddonen sefyll wyf..*Rev. J. Harries.*	35
Arweinydd pererinion blin	175
At orsedd gras mi af i ddweyd fy nghwyn	144
Awr weddi hyfryd, felus awr	126
Bu Iesu farw ar y groes	187
Bydd, bydd......*Anon.*	139
Bywha dy waith, O! Arglwydd mawr	55
Caned pechaduriaid mawrion	151
Caned nef a daear lawr	154
Chwi wawdwyr di-foes (Page 187)..*J. G. Lewis.*	153
Chwi weision Duw, molwch yr Ion. *Parch. Edmond Prys.*	133, 135
Clywch lu 'r nef yn seinio 'n un......*I. Gwyllt.*	164
Coffawn yn llawen, gyda pharch. *Parch. J. Williams.*	47
Clywch leferydd dwyfol	83
Craig yr Oesoedd, gad i mi. *Parch. W. Joseph (Y Myfr).*	167
Creawdwr mawr y nef	6
Cyduned y nefolaidd gor......*Anon.*	16
Cydunwn a'r angylaidd lu. *Parch. E. Evans (I. G. Geirionydd).*	27
Cyflawnder didrai	149
Cyflawnwyd y gyfrnith i gyd	124
Cyn llunio'r byd, cyn	142
Daeth yr awr i'm ddianc	180
Dan dy fendith wrth ymadael	90
Daw Israel adre'n wir......*Anon.*	3
Dechreu canu, dechreu canmol. *Parch. Wm. Williams.*	91
Derchafer enw Iesu cu......*Anon.*	19
Deuwch, bechaduriaid tlodion	84, 93
Dewch chwi sy'n caru Duw......*Anon.*	1
Diolchaf am y groes. *Parch. John Roberts (I. Gwyllt).*	181
'Does destyn gwiw i'm can	157
Dowch at Iesu, dowch at Iesu. *Parch. John Roberts (I. Gwyllt).*	193
Dros y bryniau tywyll niwlog..*Wm. Williams.*	87
Duw Abra'm, molwch ef......*Anon.*	2
Duw mawr! pa beth a welaf draw? *Rev. J. G. Lewis.*	184

	NO.
Duw mawr y rhyfeddodau maith......*Anon.*	174
Duw, teyrnasa ar y ddaear	88
Duw yw fy iachawdwriaeth	105
Dy heddwch Ior, a gwel'd	67
Dyfal gasglwn haulbelydrau	200
Dyma babell y cyfarfod......*Mrs. Ann Griffiths.*	108
Dymunwn fod yn angel	188
Dyn dyeithr ydwyf yma	113
Dysg im' dewi gydag Aaron	118
Dysgwyl 'rwyf ar hyd yr hirnos	86
Fe gan 'tifeddion gras..*Parch. Wm. Williams.*	80
Fy Arglwydd a yfodd y cwpan	122
Fy enaid! c'od, sefydla'th wainal	141
Fy enaid dos yn mlaen......*Anon.*	131
Fy enaid, mola Dduw......*Anon.*	11
Fy Iesu mwy fydd	153
Fy Iesu yw fy Nuw..*Parch. Wm. Williams.*	81, 158
Fy mywyd wyt, fy Nuw......*Anon.*	9
Fy ngweddi, dos i'r nef	128
Gair mwyn, ni farw	186
Gan eisteddd wrth ddyfroedd Babilon	182
Ger bron gorseddfa'r Arglwydd mawr. *Parch. Joseph Harries.*	61
Gochel y cwpan, mae'n farwol i ti. *Parch. I. Mills, F. R. A. S.*	194
Goleuni ac anfeidrol rym	40
Gorphenwyd! medd ein Iesu mawr	70
Gosod babell yn ngwlad Gosen. *Parch. Wm. Williams.*	116
Gras! O'r fath beraidd sain! *Parchllef. Joseph Harries.*	5
Gristion, "Buddugoliaeth" llef	169
Gristion hawddgar daeth yr	199
Gwaed y groes sy'n codi i fyny. *Parch. Wm. Williams.*	92
Gwaith hyfryd iawn......*Mr. David Jones.*	59, 63
Gwaith hyfryd yw clodfori	45
Gwlad yw'r nef o swn gofidiau	120
Haleluia, mawl i Dduw	170
Henffych well! anwylaf Iesu. *Parch. Joseph Harries.*	109
Hosanna i 'n Brenin......*Anon.*	148
Hwn ydyw 'r dydd i ddynol	56
Hwn ydyw'r oll adawyd i'm	185
Hyfryd lais efengyl bedd	168
Inchawdwr dynol ryw	160
I ddedwydd fro Cnersalem fry......*Anon.*	37
Iesu, Cyfaill f' enaid cu......*Anon.*	162
Iesu, difyrwch f' enaid drud. *Parch. Wm. Williams.*	22
Iesu, fy Nuw, fy Ngheidwad	173
Iesu, Iesu, 'r wyt yn ddigon. *Parch. Wm. Williams.*	89
Iesu, O mor addfwyn	13
I Grewr santaidd yr holl fyd. *Parch. J. Harries.*	60
I'r lan o'r bedd ein Arg......*Mrs. A. Griffiths.*	62

231

INDEX OF FIRST LINES (WELSH).

	NO.
Jehofa'n Frenin sy............*Mr. D. Jones.*	78
Jerusalem, O gartref clyd............*Anon.*	198
Llawn o ofid, llawn o wae............	166
Mae addewidion melus wledd.	
Parch. Thomas Jones.	36
Mae agoriadau nef y nef............	134
Mae Crist a'i w'radwyddiadau............	96
Mae Duw 'n agos............*Rev. J. G. Lewis.*	202
Mae eglwys Dduw............*Anon.*	143
Mae enw f' Anwylyd......*Parch. Wm. Williams.*	147
Mae gwlad i'w chael o wynfyd pur......*Amryw.*	26
Mae gwlad o wynfyd pur heb haint............	69
Mae 'n hyfryd meddwl ambell dro.	
Parch. Evan Evans (J. G. Ceirionydd).	33
Mae 'r Brenin yn y blaen............	82
Mae 'r Iachawdwriaeth fel y mor.	
Parch. Wm. Williams.	28
Mae 'r Iesu 'n fyw, ni raid............	48
Marchog, Iesu, yn llwyddianus.	
Parch. Wm. Williams.	110
Mewn bywyd mae gwas'naethu............	75
Mi glywais lais yr Iesu'n dweyd............	165
Mi rof fy mai ar Iesu............	100
Mi welaf afon bur............*Anon.*	7
Mi welaf ffynon lawn............	44
Mi welaf fyrdd dan sel............	130
Mor agos ambell waith............	129
Mor beraidd i'r credadyn............	31
Mor hardd, mor deg, mor............	49
Ni gawsom y Messia 'n rhad............	39
Nid yw'n hoes ond megys............	177
Nis gall angelion pur y nef............	21
Nis gall'sai gwaed yr holl...*Mr. David Thomas.*	8
O am dafodau fil mewn hwyl............*Anon.*	41
O am nerth i dreulio'm dyddiau.	
Parch. Wm. Williams.	111
O anghredinlaeth mawr ei rym.	
Parch. Wm. Williams.	43
O Arglwydd da, mor hyfryd............	72
O Arglwydd Dduw rhagluniaeth.	
Mrs. Ann Griffiths.	102
O Arglwydd, dyro awel...*Mr. David Williams.*	106
O, Arglwydd, trugarha......*Parch. Rich'd Jones.*	159
O Arglwydd tyr'd I............*Parch. Wm. Williams.*	132
O awr fy llygaid i weled......*Mr. Morgan Rhys.*	121
O! aros gyda mi, y mae 'n bwyrhau............	140
O ddydd i ddydd............	53
O Dduw! 'R hwn wnai dy drigfa............	54
O! ddyfnder diwaelod...*Parch. Richard Jones.*	145
O deffro f' enaid, can yn awr............	77
O dewch blant bychain dewch, O dewch............	197
O dewch, galarwch gyda mi.	
Parch. J. Gwrhyd Lewis.	58
O dewch i'r dyfroedd, dyma 'r dydd.	
Parch. Richard Jones.	46
O f' enaid deffro, can yn awr............	57
O Galfaria daeth fy hedd............*Anon.*	155
O! gariad! O gariad!............	146
O Greenland oer fynyddig............*Anon.*	101
O Iachawdwr pechadurind	
Parch. Wm. Williams.	112
O Iesu, Ceidwad mawr y byd............	42
O Iesu mawr, y meddyg gwell.	
Parch. Wm. Williams.	52

	NO.
O Iesu, 'r ffordd i'r nef............	10
O! na chawn fyned fry............	179
O pa bryd y cawn ni............	183
O! Pwy yw hon sy'n dod yn hy!	
Parch. Wm. Williams.	137
O tyred, Arglwydd............*Parch. Wm. Williams.*	161
O wele, wele, chwi Oen Duw............*Anon.*	190
O'r hapus awr dewis ais di............	73
Oruchel Frenin nef a llawr............	76
Os gwelir fi, bechadur............*Anon.*	98
Os rhaid gwahanu'n'nwr am dro............	136
Pan ddaw gwawr y dydd............	180
Pan oeddwyn ni yn faban tyner a gwiw...*Anon.*	190
Pan welaf gymyl yn crynhoi............	172
Pe meddwn aur Periw............	12
Pechadur wyf, O Arglwydd............	99
Plant ydym eto dan ein hoed............*Anon.*	30
Prydferth yw Seion, adeilad fry............	195
Pwy dmethn'r fath lawenydd sy'............	65
Pwy welaf o Edom yn dod?	
Parch. John Williams.	123, 127
'R Hwn sy'n peri'r mellt i hedeg............	115
'Rwy'n edrych dros y bryniau pell............	24
'R wy'n llefain o'r anialwch............	107
Trwy ddirgel ffyrdd.	
Parch. Lewis Edwards, D.D.	17
Tyr'd Ysbryd Glan, Colomen nef.	
Mr. David Jones.	15, 25
Tyred Awdwr gras a......*Rev. Thomas L. Jones.*	117
Udgenwch, weision Duw............	79
Un a gefais i mi'n gyfaill............	201
Wele Iachawdwr dynolryw............	18
Wele 'r dydd yn gwawrio............	171
Wrth droi fy ngolwg yma............	66
Wrth goffo'r Jerusalem fry............*Anon.*	125
Y cysur i gyd............	152
Y fywiol ffydd o'r nefoedd wen.	
Rev. J. G. Lewis.	50
Y gwaed, y gwaed a lifodd.	
Parch. Roger Edwards.	103
Y mae Un uchlaw pawb............	176
Y Manna pur, y golofn dan............	74
Y nefoedd lan ddadguna............	104
Yn awr mewn gorfoleddus gan............	71
Yn Eden, cofiaf hyny byth............	138
Yn mhlaen, yn mlaen chwi filwyr Duw............	192
Yn y dyfroedd mawr a'r tonau.	
David Williams.	114
Yn y llwch, Waredwr hael............*Anon.*	183
Yr iachawdwriaeth fawr yn............	68
Yr iachawdwriaeth rad............	14
Yr Iesu a deyrnasa 'n grwn............	51, 64
ANTHEMAU.	PAGE
No. 1.—Ar lan Iorddonen ddofn............	210
No. 2.—Wele! r'wyf yn sefyll............	214
No. 3.—Mi a godaf............	216
No. 4.—Cydganwn, cydganwn............	218
No. 5.—Mi glywais uchel ef............	224

232

INDEX OF FIRST LINES (ENGLISH).

	NO.
A charge to keep I have...*Charles Wesley*, 1762.	14
Abide in me, O Lord, and I in Thee	142
Abide with me, fast falls............*Lyte*.	140
Again the Lord's own day is here	56
Aid me, Lord, always to tarry.....*David Jones*.	111
All hail the power of Jesus' name.	
Edward Perronet, 1779.	19
All ye that pass by (Page 187)	153
Almighty power and heavenly light.	
Rev. E. T. Griffith.	40
Angelic throngs unnumbered.	
Rev. Joseph Morris, 1865.	95
Arise, my soul, my joyful powers.	
Dr. Isaac Watts, 1707.	37
As, panting in the sultry beam	175
Awake, my soul, awake......*Rev. E. T. Griffith*.	57
Awake, my soul, to joyful lays.	
Samuel Medley, 1787.	77
Beautiful Zion, built above	195
Before Jehovah's awful ......*Dr. I. Watts*, 1719.	61
Behold a poor sinner, Lord	99
Behold! a Stranger's at the door.	
Joseph Grigg, 1765.	66
Behold! behold, the Lamb of God	190
Behold the Saviour of mankind.	
Dr. I. Watts.	18
Blessed fold! no foe can enter.	120
Blood of Christ exalts ....*Rev. E. T. Griffith*.	92
Blow ye the trumpet, blow	79
Bread of heaven, on Thee we feed	168
Bring me home to glory......*Rev. E. T. Griffith*.	179
Come, Holy Ghost! in love............*Palmer*.	161
Come, Holy Spirit, heavenly Dove.	
Simon Browne, 1720.	15, 25
Come, let us join our cheerful......*Dr. I. Watts*.	27
Come, let us join to praise the Lord......*Anon*.	16
Come, sound his praise abroad.	
James Montgomery, 1825.	7
Come, tell of Jesus ....*Rev. E. T. Griffith*.	47
Come, Thou fount of every blessing.	
Robert Robinson, 1758.	117
Come to Calvary's holy.....*James Montgomery*.	176
Come to Jesus, come to Jesus............*Anon*.	193
Come to the waters............*Rev. E. T. Griffith*.	46
Come, we who love the Lord.	
Dr. I. Watts, 1707.	1
Come, ye sinners, poor and wretched.	
Joseph Hart, 1759.	93
Come, ye sinners, poor..*Robert Robinson*, 1758.	84
Christ, the Lord, is risen........*Charles Wesley*.	169
Dear Saviour! we are Thine	10
Deep Jordan's banks I tread	178
Direct unto my God......*Rev. Joseph Morris*.	128
Eternal God, who rulest	102
Faith is a living power........*Rev. E. T. Griffith*.	50
Fix, O Lord, a tent in Goshen.	
Rev. Wm. Griffith.	116

	NO.
Forever with the Lord............*R. Montgomery*.	129
From day to day, from hour to hour.	
Rev. E. T. Griffith.	53
From Greenland's icy mountains........*Heber*.	101
From highest heaven, the Eternal Son..........*s*.	135
Giver and hearer of prayer	150
Glory be to God on high......*Rev. E. T. Griffith*.	154
Glory to God on high.	157
God is my strong salvation...*Jas. Montgomery*.	105
God is near thee............*Anon*.	202
God moves in a mysterious way.	
Wm. Cowper, 1772.	17
Grace! 'tis a charming........*Philip Doddridge*.	5
Great God of wonders......*Rev. E. T. Griffith*.	174
Great God, what do I see and hear.	
Martin Luther, Tr. Henry Mills, 1845.	184
Great God, who hid from mortal sight..*Anon*.	54
Great Lord of all Thy churches!...*Kingsbury*.	55
Great Redeemer, Friend of sinners.	
Rev. Wm. Griffith.	112
Guide me, O Thou great Jehovah........*Oliver*.	85
Hail! Thou once despised Jesus...*Dr. Rippon*.	109
Hallelujah! raise, oh, raise............*Anon*.	170
Hark! a thrilling voice is sounding	180
Hark! the herald angels sing	164
Hark! the voice of love and mercy......*Evans*.	83
Here, behold the seat........*Rev. Joseph Morris*.	108
He who darts the winged lightning.	
Rev. Joseph Morris.	115
How deep in foundation......*Rev. E. T. Griffith*.	145
How excellent in all the......*Rev. E. T. Griffith*.	76
How pleasant, how divinely fair	49
How pleasant thus to dwell below	34
How sweet the Name of Jesus..*John Newton*.	31
How tender is Thy hand............*Hastings*.	9
I am through the lone night waiting.	
Rev. Joseph Morris.	86
If I, the sin benighted......*Rev. Joseph Morris*.	98
I know not how great is....*Rev. Joseph Morris*.	146
I know that my Redeemer lives	187
I lay my sins on Jesus ....*Bonar*.	100
I look beyond the distant hills.	24
In this land I am a stranger	113
In token that thou shalt not fear.	30
I see a fountain filled......*Rev. E. T. Griffith*.	44
I want to be an angel	188
Jerusalem, forever bright	198
Jerusalem, the golden........*Alexander Ewing*.	107
Jesus comes, his conflict over.	177
Jesus, great Saviour of the world.	
Rev. E. T. Griffith.	42
Jesus, Jesus, Thou art mighty.	
Rev. E. T. Griffith.	89
Jesus, lover of my soul............*Charles Wesley*.	162
Jesus, Redeemer of my soul.	52
Jesus shall reign where'er........*Dr. I. Watts*.	51, 64
Jesus, to Thy dear arms I flee	197

INDEX OF FIRST LINES (ENGLISH).

First Line	No.
Kind words can never die	186
Lamb of God, whose bleeding...*Charles Wesley.*	166
Let us gather up the sunbeams	200
Life is the time to serve the Lord.........*Anon.*	75
Lord, dismiss us with Thy...*John Fawcet*, 1774.	90
Lord, I hear of showers of blessing. *Elizabeth Conder*, 1860.	94
Lord, oh, now come to me..*Rev. E. T. Griffith.*	132
Lord, with glowing heart I'd praise. *Francis Scott Key*, 1826.	119
March on, march on, soldiers of God	192
March on, my soul, to rest..*Rev. E. T. Griffith.*	131
Must Jesus bear the cross alone...*S. N. Allen.*	38
My dear Redeemer and my Lord..*Dr. I. Watts.*	72
My faith looks up to Thee............*R. Palmer.*	158
My gracious Redeemer I love	124
My heart to the Saviour	199
My Jesus and my God	81
My joy night and day.........*Rev. J. G. Lewis.*	152
My Lord with his affliction. *Rev. Joseph Morris.*	96
My soul's delight I......*Mrs. Llewellyn*, Wales.	22
Nearer, my God, to Thee. *Sarah F. Adams*, 1840.	181
Not all the blood of beasts.........*Dr. I. Watts.*	8
O come and mourn with me awhile .....*Anon.*	58
O'er the earth, in every nation. *Mrs. Llewellyn*, Wales.	88
O'er the gloomy hills of darkness.........*Anon.*	87
Of all the ancient race...............*Dr. Watts.*	3
O glory to Jesus.............*Rev. E. T. Griffith.*	148
Oh, am I born to die............*Charles Wesley.*	4
Oh, bless the Lord, my soul	11
O happy day, that stays my choice. *P. Doddridge.*	73
Oh, for a thousand tongues to sing. *Charles Wesley*, 1739.	41
Oh, have you not heard of that realm of delight	191
Oh, we shall now depart......*Rev. E. T. Griffith.*	136
O Jesus, we love Thee..........*Rev. Wm. Griffith.*	147
O Love divine, how sweet Thou art............	137
O Lord, give us the breezes..*Rev. E. T. Griffith.*	106
O Lord, how happy should we be	138
On Jordan's rugged banks I stand. *Dr. Stennet.*	35
One there is above all others..*Rev. J. Newton.*	201
On the cross He gave me peace.........*Anon.*	155
O unbelief, how great the wounds. *Rev. E. T. Griffith.*	43
Our king is leading on.........*Rev. Wm. Griffith.*	82
Our land. O Lord! with songs of praise.........	29
Our Lord is risen from the dead. *Charles Wesley*, 1739.	62
Our Saviour lives, no longer now. *Rev. E. T. Griffith.*	48
Rescue Zion for Thy praise..*Rev. E.T.Griffith.*	156
Ride in triumph, holy Saviour	110
Rise, glorious Conqueror, rise...............	160
Rock of Ages, cleft for me......*A. M. Toplady.*	167
Salvation, like a boundless sea. *Rev. E. T. Griffith.*	28
Salvation!—oh, the joyful sound! *Dr. John Rainall*, 1790.	68
Saviour, I look to Thee........................	159
Saviour, what gracious words............*Anon.*	13
Saviour, when, in dust, to Thee	163
Sinner, come, with sweetest measures. *Rev. E. T. Griffith.*	151
Sister, thou wast mild and lovely..................	196
Stand up, and bless the Lord, *James Montgomery*, 1825.	6
Sun of my soul, Thou Saviour dear. *Rev. John Keble.*	71
Sweet hour of prayer!........*Wm. B. Bradbury.*	128
Sweet is the work, my God, my King. *Dr. I. Watts.*	59, 63
Sweet Saviour, bless us ere we go...............	173
Teach me Aaron's thoughtful silence. *Rev. Joseph Morris.*	118
The Bible is justly esteemed	121
The blood which from my blessed. *Rev. John Gwrhyd Lewis.*	103
The brightest angels of the skies. *Mrs. Llewellyn*, Wales.	21
The day, O Lord, is spent............*F. M. Neale.*	12
The fiery cloud, the manna given. *Rev. E. T. Griffith.*	74
The God of Abraham praise............*Oliver.*	2
The heavens declare his glory	104
The heirs of grace shall sing............*Several.*	80
The Lord, how wondrous are his ways............	67
The Lord Jehovah reigns............*Dr. I. Watts.*	78
The powers of the highest heaven. *Rev. E. T. Griffith.*	134
There is a fountain filled with blood	20
There is a land of pure delight. *Dr. I. Watts*, 1758.	26, 69
There is boundless store......*Rev. E. T. Griffith.*	149
There, there...............*Rev. E. T. Griffith.*	139
The wrath of God, oh, He hath taken. *Rev. E. T. Griffith.*	122
This book is all that's left me now	185
Thou art gone up on high ...*Emma Toke*, 1851.	130
Through heaven and earth	143
Thy heart to the Saviour, O sinner, now give.	199
'T is for conquering kings to gain. *Rev. E. T. Griffith.*	171
'T is finished; so the Saviour cried. *Dr. Stennet.*	70
To God the universal King...........*Dr. Stennet.*	60
To God we now delight to sing. *Rev. E. T. Griffith.*	45
To Jesus' throne, unclean I go. *Mrs. Llewellyn*, Wales.	23
To the throne of grace on our homeward way. *Rev. E. T. Griffith.*	144
Touch not the cup, it is death	194
To Zion's hill I lift mine eyes...*Tate & Brady.*	32
Weary of earth, and laden with my sin.........	141
We sat down and wept by the waters of Babel.	182
When gathering clouds around I view. *Robert Grant*, 1806.	172
When God arose, the nation	87
When I can read my title clear...*Dr. I. Watts.*	33
When I think, O Salem, of thee. *Rev. E. T. Griffith.*	125
When shall we meet again	183
When ten thousand thousand ages. *Rev. E. T. Griffith.*	91
When the morning light	189
Wherever two or three may meet	96
While Thee I seek, protecting power. *Helen Maria Williams*, 1786.	105
Who amid the swelling billows	114
Who can describe the joys that rise............	85
Who cometh from Edom with might. *Rev. E. T. Griffith.*	123
Who is He that comes from Edom...............	127
Ye saints and servants of the Lord...............	133
Ye saints below, and hosts above...*J. Stennet.*	30
Ye servants of God...............................	153

ANTHEMS.	PAGE
No. 1.—Deep Jordan's banks I tread............	210
No. 2.—Behold! behold! I stand at the door.	214
No. 3.—I will arise	216
No. 4.—Let all the people ....,......	218
No. 5.—I heard from heaven a voice	224

METRICAL INDEX.

M. 1. [S. M.]

TUNE.	AUTHOR.	ARRANGED BY.	NO.
Augustine	J. S. Bach	Author	13
Elworth	W. J. Hughes, A.M.	Author	7
Franconia	German Melody		14
Hampton	Anon.		3
Ipswich	Rev. J. J. White	Author	5
Mahanoy City	Evan Williams	Author	4
Pen y Bryn	Evan Williams (Prize Tune)	Author	12
Shirland	Samuel Stanley, 1805	Author	11
Silchester	Dr. Malan	Author	10
Silver Street	Isaac Smith, 1770	Author	6
St. Michael	From Scotch Psalter, 1565	Havergal	2
St. Thomas	Aaron Williams	Anon	1
Tytherton	Rev. L. R. West, 1753-1826	Havergal	8
Winton	An old Congregational Tune	J. D. Jones	9

M. 3. [C. M.]

Abbey	Scotch Psalter, 163	J. D. Jones	37
Arlington	Thomas A. Arne, 1762	Author	28
Arnold's			45
Azmon	Carl Gotthelf Glazer, 1828	Dr. L. Mason	27
Bangor	Welsh Air	J. D. Jones	24
Bedford	W. Wheall, 1729	J. D. Jones	16
Belmont	S. Webbe	Author	44
Canaan			34
Chichester	Ravenscroft's Psalter, 1621	Anon	41
Claremont	J. Foster, Bristol	Author	40
Coronation	Oliver Holden, 1793	Author	19
Downs	Anon		31
Dryburg	Tate	J. D. Jones	25
Dundee	Scotch Psalter, 1611	Havergal	21
Evan	Dr. L. Mason	Author	26
Gloucester	Ravenscroft's Psalter, 1621	Havergal	18
Ledbury	J. D. Jones	Author	23
Maitland	Geo. N. Allen, 1849	Author	38
Martyrdom	H. Wilson	J. D. Jones	32
Melody	A. Chapin	Author	30
Normanton	German	Anon	42
Rich	Anon		33
Salisbury			43
St. David's	Playford Psalter	Havergal	35
St. James	Raphael Courtville, 1680	J. D. Jones	22
St. Magnus	Jeremiah Clark, 1707	J. D. Jones	36
St. Martin's	William Tansur, 1738	Several	29
St. Mary's	Ravenscroft's Psalter	Dr. Croft	15
St. Peter's	A. R. Reinagle	Author	17
St. Stephen	Rev. W. Jones	Nayland	20
Tallis	Thomas Tallis, 1565		39

METRICAL INDEX.

M. 4. [8s & 7s.]

TUNE.	AUTHOR.	ARRANGED BY.	NO.
Dyfrdwy	Jeffreys	Rev. J. Roberts (Ieuan Gwyllt)	46
Rhuthyn	B. M. Williams	Author	48
St. Alban's	German Carol	Havergal	47

M. 5. [L. M.]

Angels' Hymn	Orlando Gibbons, 1622	J. D. Jones	64
Arundel	S. Webbe	Author	51
Boston	Greek Air	Dr. L. Mason	66
British		Author	52
Canon	Thomas Tallis, 1565	Author	76
Charmouth			74
Constance	C. Goudimel, 1510–1572	Havergal	68
Duke Street	John Hatton, 1790	Author	62
Eisenach			54
Ernan	Dr. L. Mason	Author	55
Gilead	Handel	J. D. Jones	59
Gotha	Köphl, 1587	J. D. Jones	60
Grace Church	Russian Air	L. T. Downs	77
Happy Day			73
Hursley	Mozart	W. H. Monk	71
Leipsic	J. Hermann Scheini, 1631	J. S. Bach	63
Mamre	Handel	E. Stephens	67
Melcombe			75
Philadelphia			56
Rockingham	Dr. L. Mason	Author	72
Samson			57
Sessions	L. O. Emerson, 1847	Author	50
St. Crispin			49
St. Cross	J. B. Dykes		58
St. Olaves			53
Stirling	Anon	E. Stephens	70
Wareham	William Knapp, 1698–1747	J. D. Jones	69
Winchester	Crosselius, 1650	Havergal and others	65
Yr Hen Canfed	Psalms of Morot and Beza, 1545	Havergal	61

M. 6. [6, 8.]

Adoration	Anon	Dr. L. Mason	80
Beverly	Anon	J. Goss and others	82
Conwy	J. D. Jones	Author	78
Croft's	Dr. Croft, 1712	Havergal and others	79
Kedron	Henry Lawes, 1637	J. D. Jones	81

M. 7. [8, 7, 4.]

Bryn Calfaria	Wm. Owen, Prysgol	Author	92
Caersalem	Welsh Air	J. D. Jones	90
Catherine	D. Roberts. Alawydd	Author	86
Dix	German Carol	I. Shelmerdine	85
Edeyrnion	An old Welsh Air	J. D. Jones	83
Peniel	Welsh Air	E. Stephen	88
Sicily	Sicilian Air		84
Turin	German Air	Dr. L. Mason	87
Verona	Italian Air	Rev. J. Roberts (Ieuan Gwyllt)	89
Vesper	Russian Air	Sir I. A. Stevenson	93
Y Delyn Aur	Welsh Air	E. Stephens	91

METRICAL INDEX.

M. 8. [8, 7, 3.]

TUNE.	AUTHOR.	ARRANGED BY.	NO.
Ireiddiol	W. B. Bradbury, 1862	E. Stephens	94

M. 9. [7, 6.]

Aberhonddu	Welsh Melody	E. Stephens	104
Denton's Green	Out of an English Anthem	E. Stephens	102
Ewing	Dr. Ewing	Author	106
Llydaw	Britannic Air	R. H. Pritchard and others	99
Lubeck	Welsh Vulpius	J. D. Jones	98
Meirionydd	Welsh Melody	J. D. Jones	96
Missionary	Dr. L. Mason	Author	101
Penitence	Wm. H. Oakley, 1836	Author	103
St. Simon			97
Webb	G. J. Webb	Author	100
Wittemburgh	I. Cruger	J. D. Jones	95
Yarmouth	Dr. L. Mason	Author	105

M. 10. [8, 7.]

Bendithiad	Samuel Webbe, 1740	J. D. Jones	109
Dismission	Greek Air	J. D. Jones	113
Dolgellau	Yttyr Eryri	Author	118
Edinburgh	Welsh Air	J. D. Jones	108
Eifionydd	J. A. Lloyd	Author	112
Hamburgh	I. Schopp, 1640	Dr. Filitz	111
Hyfrydol	Composed of two Welsh Airs	E. Stephens	110
Lugano			120
Moriah	Welsh Air	E. Stephens	116
Mount of Olives	Beethoven	J. D. Jones	115
Nettleton	Anon., 1813	Asahel Nettleton	117
Rousseau	J. J. Rousseau	E. Stephens	114
St. Hilary	Ganther	E. Stephens	119

M. 11. [9, 8.]

Bryn Caersalem	J. Mills	Author	122
Elliot	John Ellis	E. Stephens	121

M. 12. [8, 8.]

Aberaman	Hywel Cynnon	Author	125
Arabia	W. J. White	E. Stephens	127
De Fleury	M. De Fleury	Author	123
St. Andrew's	Dr. L. Mason	J. D. Jones	124
Sweet Hour	W. B. Bradbury	Author	126

M. 13. [S. M. D.]

Iona	Day's Psalter, 1563	J. D. Jones	128
Nearer Home	J. Woodbury	Dr. Evans and others	129
Old 25	Anon		130
St. Barnabas	Anon		132
St. Llechid	E. H. Mehul		131

M. 15. [8, 8, 8.]

Kirby	Henrich Scheideman	Rink and others	133
Rhosyn Saron	Welsh Melody	E. Stephens	134
Talarfon	J. Hughes, Liverpool	Author	135

METRICAL INDEX.

M. 16. [8, 8, 6.]

TUNE.	AUTHOR.	ARRANGED BY.	NO.
Inspruck	Henry Isaac	J. D. Jones	138
St. Alwen	Anon		136
Tadmor	Dr. L. Mason	Author	137

M. 17. [2, 8.]

Danville	Joseph Parry	Author	139

M. 19. [10. 4 lines.]

Banbury	Anon		142
Clod	Welsh Air	E. Stephens	143
Erfyniad	Welsh Air	Rev. T. Jones, B. A.	144
Eventide	W. H. Monk	Author	140
Pilgrim's Song	Goudimel	Dr. L. Mason	141

M. 20. 11, 11, 11, 11.

Hanover	Dr. Croft	J. Goss	149
Joanna	Welsh Air	J. D. Jones	146
Montgomery	S. Stanley	Author	147
Oldenburg	Thomas Selle, 1655	J. D. Jones	148
Yr Rhosyn Olaf	Irish Air	E. Stephens	145

M. 21. [8, 8.]

Llangeitho	J. Rudolph Ahle, 1664	Author	150
Llantrisant	Welsh Air	E. Stephens	151

M. 23. [5, 6, 5.]

Cysur	Welsh Air	Rev. T. Jones, B.A.	152
Taliesin	Matthews	E. Stephens	153

M. 25. [7, 4.]

Gwalchmai	J. D. Jones		155
Llanfair	Welsh Air		154
Nebo	Welsh Air	E. Stephens	156

M. 30. [6, 6, 4.]

Gwalia	Welsh Air	J. D. Jones	160
Hermon	Braun, 1675	J. D. Jones	161
Malvern	English Air	Rev. J. Roberts (Ieuan Gwyllt)	159
Moscow	F. Graidini	Havergal	157
Olivet	Dr. L. Mason	J. D. Jones	158

M. 39. [7, 7.]

Lichfield	J. Richardson	Author	163
Martyn	S. B. Marsh, 1834	Author and others	162
Mendelssohn	Mendelssohn	Author	164

M. 46. [M. C. D.]

Yr Hyfrydlais	Rev. J. B. Dykes	Author	165

METRICAL INDEX.

M. 48. [7, 6, 8.]

TUNE.	AUTHOR.	ARRANGED BY.	NO.
Russell Place	W. Sterndale Bennett	Author	166

M. 49. [7. 6 lines.]

Ratisbon	German Carol	J. Goss	168
Rock of Ages	Rev. J. B. Dykes	Author	167

M. 51. [7.]

Corinth	Freylinghausen Gesangbuch	Freylinghausen	171
Innocents	An Old Air	W. H. Monk	170
Pleyel's Hymn	Ignaz Pleyel, 1790	Author	169

M. 52. [8. 6 lines.]

Christ Church	A. G. Ouseley. Bart	Author	175
Dresden	An Old Air	J. Goss	172
Eaton	Te Wyvil	J. D. Jones	174
Stella	Anon		173

M. 54. [8, 7, 7.]

Cassel	An Old Air	J. D. Jones	176
Handel	Handel	Author	177

M. 58. [6, 5, 6.]

Iorddonen	An Old Air	Rev. T. Jones	178
Moab	Rev. John Roberts (I. Gwyllt)	Author	179

M. 64. [8, 7.]

Lausanne	Dr. Malan	E. Stephens	180

M. 66. [6, 4.]

Bethany	Dr. L. Mason	Author	181

M. 68. [87, 88, 7.]

Tredegar	Anon		184

MISCELLANEOUS.

The Waters of Babylon	182
When shall We Meet Again	183
The Family Bible	185
Kind Words can never Die	186
The Orphan's Song	187
I Want to be an Angel	188
I'll Away to the Sabbath-School	189
On the Cross	190
Oh! I want to Cross Over	191
Victory	192
Come to Jesus	193
Touch Not the Cup	194
Beautiful City	195
Mount Vernon	196
The Little Wanderer	197
Beautiful Land of Rest	198
Sweet Home	199
Scatter Seeds of Kindness	200
Oh, How He Loves	201
God is Near	202
ANTHEMS.—1, 2, 3, 4, 5	Pages 210–224

INDEX OF TUNES.

Tune	No.
Abbey	37
Aberaman	125
Aberhonddu	104
Adoration	80
Angels' Hymn	64
Arabia	127
Arlington	28
Arnold's	45
Arundel	51
Augustine	13
Azmon	27
Banbury	142
Bangor	24
Beautiful City	195
Beautiful Land of Rest	198
Bedford	16
Belmont	44
Benditbiad	109
Bethany	181
Beverly	82
Boston	66
British	52
Bryn Cnersalem	122
Bryn Calfaria	92
Caersalem	90
Canaan	34
Canon	76
Cassel	176
Catherine	80
Charmouth	74
Chichester	41
Christ Church	175
Claremont	40
Clod	143
Come to Jesus	193
Constance	68
Conwy	78
Corinth	171
Coronation	19
Croft's	79
Cysur	152
Danville	139
De Fleury	123
Denton's Green	102
Dismission	113
Dix	85
Dolgellau	118
Downs	31
Dresden	172
Dryberg	25
Duke Street	62
Dundee	21
Dyfrdwy	46
Eaton	174
Edeyrnion	83
Edinburgh	108
Elfionydd	112
Elsemeh	54
Elliot	121
Elworth	7
Erfynlad	144
Ernan	55
Evan	26
Eventide	140
Ewing	100
Franconia	14
Gilead	59
Gloucester	18
God is Near	202
Gotha	60
Grace Church	77
Gwalchmai	155
Gwalia	160
Hamburgh	111
Hampton	3
Handel	177
Hanover	149
Happy Day	73
Hermon	161
Hursley	71
Hyfrydol	110
I'll Away to the Sabbath-School	189
Innocents	170
Inspruck	138
Iona	128
Iorddonen	178
Ipswich	5
Ireiddiol	94
I Want to be an Angel	188
Joanna	146
Kedron	81
Kind Words	186
Kirby	133
Lausanne	180
Ledbury	23
Leipsic	63
Lichfield	163
Llanfair	154
Llangeitho	150
Llantrisant	151
Llydaw	99
Lubeck	98
Lugano	120
Mahanoy City	4
Maitland	38
Malvern	159
Mamre	67
Martyn	102
Martyrdom	32
Melcombe	75
Melody	30
Mendelssohn	164
Merionydd	96
Missionary	101
Moab	179
Montgomery	147
Moriah	116
Moscow	157
Mount of Olives	115
Mount Vernon	196
Nearer Home	129
Nebo	86
Nettleton	117
Normanton	42
Oh, how He Loves	201
Oh, I Want to Cross Over	191
Old 25	130
Oldenburg	148
Olivet	158
On the Cross	190
Peniel	88
Penitence	103
Pen y Bryn	12
Philadelphia	56
Pilgrim's Song	141
Pleyel's Hymn	169
Ratisbon	168
Rhosyn Saron	134
Rhuthyn	48
Rich	33
Rockingham	72
Rock of Ages	167
Rousseau	114
Russell Place	166
Salisbury	43
Samson	57
Scatter Seeds of Kindness	200
Sessions	50
Shirland	11
Sicily	84
Silchester	10
Silver Street	6
St. Alban's	47
St. Alwen	136
St. Andrew's	124
St. Barnabas	132
St. Crispin	49
St. Cross	58
St. David's	35
St. Hilary	119
St. James	22
St. Llechid	131
St. Magnus	36
St. Martin's	39
St. Mary's	15
St. Michael	2
St. Olaves	53
St. Peter's	17
St. Simon	97
St. Stephen	20
St. Thomas	1
Stella	173
Stirling	70
Sweet Home	199
Sweet Hour of Prayer	126
Tadmor	137
Talarfon	135
Taliesin	153
Tallis	29
The Family Bible	185
The Little Wanderer	197
The Orphan's Song	187
The Waters of Babylon	182
Touch Not the Cup	194
Tredegar	184
Turin	87
Tytherton	8
Verona	89
Vesper	93
Victory	192
Wareham	69
Webb	100
When shall We Meet Again	183
Winchester	65
Winton	9
Wittemburgh	95
Yarmouth	105
Y Delyn Aur	91
Yr Hen Canfed	61
Yr Hyfrydlais	165
Yr Rhosyn Olaf	145

ANTHEMS.

No.	Page
1	210
2	214
3	216
4	218
5	224

www.ingramcontent.com/pod-product-compliance
Lightning Source LLC
Chambersburg PA
CBHW031741230426
43669CB00007B/434